慕课与高校英语学习方式研究

郑立　姜桂桂 ◎ 著

西南交通大学出版社
·成　都·

图书在版编目（ＣＩＰ）数据

慕课与高校英语学习方式研究 / 郑立，姜桂桂著.
—成都：西南交通大学出版社，2017.12
ISBN 978-7-5643-5955-3

Ⅰ. ①慕… Ⅱ. ①郑… ②姜… Ⅲ. ①英语 – 学习方
法 – 研究 – 高等学校 Ⅳ. ①H319.3

中国版本图书馆 CIP 数据核字（2017）第 317412 号

Muke yu Gaoxiao Yingyu Xuexi Fangshi Yanjiu
慕课与高校英语学习方式研究

郑立　姜桂桂　著

责 任 编 辑	赵玉婷
封 面 设 计	河北腾博广告有限公司
出 版 发 行	西南交通大学出版社 （四川省成都市二环路北一段 111 号 西南交通大学创新大厦 21 楼）
发 行 部 电 话	028-87600564　028-87600533
邮 政 编 码	610031
网　　　址	http://www.xnjdcbs.com
印　　　刷	四川煤田地质制图印刷厂
成 品 尺 寸	170 mm × 230 mm
印　　　张	11.25
字　　　数	201 千
版　　　次	2017 年 12 月第 1 版
印　　　次	2017 年 12 月第 1 次
书　　　号	ISBN 978-7-5643-5955-3
定　　　价	58.00 元

前 言

慕课是新近涌现出来的一种大规模开放在线课程模式。至今虽仅有四年的历史，其教育思想却可追溯至 20 世纪 60 年代初。1961 年 4 月，美国著名系统理论家巴克敏斯特·富勒首次提出"产业领域的教育技术"这一概念。1962 年，美国发明家道格拉斯·恩格尔巴特指出：个人计算机与互联网技术的结合将产生大规模的信息分享效应。此观点的提出，使得以大规模网络公开课程作为开放性的教育资源、向公众提供公开式课程的思想应运而生。慕课掀起的风暴始于 2011 年秋，被誉为"印刷术发明以来教育最大的革新"，呈现"未来教育"的曙光；2012 年则被《纽约时报》称为"慕课元年"。目前，国内外多家专门提供慕课平台的供应商纷起竞争。

高校学生主要是在课堂上通过教师的讲解、答疑以及课下巩固与自主查询资料等传统的方式来学习英语，这种缺乏目的语语言环境的学习方式一定程度上制约了学生英语水平的提高。"慕课"这一新的学习方式的出现，势必对高校学生英语学习的方式产生深远的影响。只要加强管理、注重质量、规范发展，慕课必将是在我国高校英语学习中值得大力推广运用的新模式。

本书共八章，约 20 万字，第一章至第四章约 10 万字，由北京工业职业技术学院的郑立同志负责撰写；第五章至第八章约 10 万字，由中国矿业大学（北京）的姜桂桂同志负责撰写。第一章至第三章就慕课的相关概念、发展历程及主要特征进行了细致全面的分析；第四章探究慕课的学习对象、学习策略与支持服务；第五章为学习方式的概念及信息时代学习方式的转变；第六章深入剖析学习方式对高校学生的影响；第七章至第八章在考察了高校学生当前英语学习方式的现状后分析慕课发展对高校学生英语学习方式的影响。

由于本书讨论的不少问题涉及新近形成的观点，一些理论与实践也在摸索发展的过程中，论述欠妥之处在所难免，敬请广大读者批评指正。

作 者
2016 年 7 月

目　录

第一章　慕课概论

第一节　慕课的产生

MOOC（慕课）是英文"Massive Open Online Course"的首字母缩写，直译为大规模开放在线课程。从慕课的概念分析，其含义为：

"大规模"是指参与学习的学习者数量众多。课程的注册学习者规模达到数千乃至数以十万计，包括各行各业各个年龄阶段的人员。如此大规模的教育活动，在此之前是从来没有过的。不仅如此，慕课的"大规模"不仅仅是指学习者的数量庞大，而且还指更多的教师参与到教学之中。

"开放"是指学习是一种开放的教育形式，没有限制。慕课是多年来世界"开放教育资源"（Open Educational Resource，OER）运动的延续，是开放教育潮流的重要组成部分。有了慕课，只要能上网，只要有时间，只要有学习意愿，任何人都可以进行在线学习。

"在线"是指学习资源和信息通过网络共享，学习活动发生在网络环境下。

"课程"是指开放教育的形式是课程，是整个教与学的活动。

慕课只有短暂的历史，但是却有一个不短的孕育发展历程，它是长期积淀的结果。准确地说，它可追溯到 20 世纪 60 年代。1962 年，美国发明家和知识创新者道格拉斯·恩格尔巴特（Douglas Engelbert）提出一项研究计划，号召人们将计算机技术作为一种改革"破碎的教育系统"的手段应用于学习过程之中。之后，类似的努力一直在进行。

2007 年是慕课孕育最重要的一年。这一年秋天，美国学者戴维·维利（David Wiley）基于 Wiki 技术开发了一门开放课程——"开放教育导论"（Introduction to Open Education）。这门 3 个学分的研究生层次的开放在线课程的突出特点在于来自世界各地的参与者（学习者）为这门课程贡献了大量的材料和内容。换句话说，也就是学习者不只是来消费这门课程，而是所有人一起在学习的过程中建设这门课程，并在建设的过程中学习这门课程。这样的设计是非常有意思的，也是很科学的。一方面，这门课程的性质决定了教师和学习者必须持开放的态度，并拿出实际的行动；另一方面，戴维•维利所选用的 Wiki 技术平台为这样的共建共享奠定了良好的基础。

同样是 2007 年，加拿大里贾纳大学（University of Regina）教育学院的亚历克•克洛斯（Alec Couroa）教授开设了一门研究生层次的课程，名字叫"社会性媒介与开放教育"（Social Media&Open Education）。它始终是开放的，既面向以获得学分为目的的学习者，也面向其他任何人。这门开放在线课程的突出特征就在于来自世界各地的特邀专家都参与了课程的教学活动。

2008 年加拿大爱德华王子岛大学的网络传播与创新主任大卫•柯米尔（Dave Curmier）与国家人文教学技术应用研究院高级研究员布莱恩•亚历山大（Bryan Alexander）联合提出慕课概念。同年 9 月，加拿大学者乔治•西蒙斯（George Siemens）和斯蒂芬•唐斯（Stephen Downes）开设了第一门慕课——"连通主义与关联知识"（Connectivism and Connective Knowledge Online Course，CCKOC），有 25 名来自曼尼托巴大学的学生（付费）以及 2300 多名来自世界各地的学生（免费）在线参与了这门课程的学习。这门课程兼容并蓄，既借鉴了维利的开放内容和学习者参与的思想，又吸纳了克洛斯的开放教学和集体智慧的举措。不仅如此，这门课程还支持大规模学习者参与，采纳了连通主义学习理论和教学法。

在 CCKOC 课程中，所有的课程内容都可以通过 RSS Feed 订阅，学习者可以用他们自己选择的工具来参与学习：用 Moodle 参加在线论坛讨论，发表博客文章，在第二人生（Second Life）中学习，以及参加同步在线会议。从那时开始，一大批教育工作者，包括来自玛丽华盛顿大学的吉姆•格鲁姆（Jim Groom）教授以及纽约城市大学约克学院的迈克尔•布兰森•史密斯（Michael Branson Smith）教授，都采用了这种课程结构，并且成功地在全球各国大学主办了他们自己的慕课。这种慕课类型基于连通主义学习理论，也称为 MOOC，并在随后得到逐步推广，如 eduMOOC、MobiMOOC 等。

重要的突破发生于 2011 年秋天，美国斯坦福大学教授塞巴斯蒂安•史朗（Sebastian Throe）与彼得•诺维格（Peter Norvig）把为研究生开设的"人工智能导论"课程放在了互联网上，吸引了来自 190 多个不同国家的 16 万余名学生，并有 2.3 万人完成了课程学习。从而掀开了慕课的新篇章。

史朗是谷歌 X 实验室的创始人之一，他领导了包括谷歌眼镜、无人驾驶汽车等多项创新性技术和研究，又在教育上开辟了新的道路。2012 年 2 月，他创立了 odaeitY 慕课平台。之后，Coursera、edX 等慕课平台在 2012 年相继创立并迅速发展。这类慕课也被称为 xMOOC，其高质量的课程内容、短视频设计、新型测评方式、大规模学习者群体、强辐射性等特征，引起了教育、科技、商业等多领域的关注，被认为是 2012 年教育领域的重要事件之一，推动了全球开放教育运动的新发展，标志着人类文明传承和知识学习方式将发生革命性的变化。2012 年也因此被纽约时报称为"慕课元年"。

第二节　开放教育资源运动的发展

从开放教育资源运动的发展历程来看，慕课的产生不是偶然，而是开放教育资源运动发展中的新型课程模式。在教育全球化和信息化的背景下，基于"开放共享"，理念的"开放教育资源"运动是全球教育发展的重要趋势。美国麻省理工学院（MIT）从 2001 年开始启动的开放式课程（Open Course Ware，OCW）项目带动了全球开放教育资源运动。此后，在 OCW 的示范和引领作用下，开放教育资源运动不断发展和演化。同时，云计算、社会化网络媒体等的发展与成熟提供了新的信息技术环境与支持，并极大地降低了创建与共享教育资源的成本。新的开放教育资源的概念与实践模式不断进步和演化，进一步推动开放教育的研究与实践。慕课正是在这种背景下开放教育资源运动的新发展和突破，并将对人类文明传承和知识学习方式产生深刻的影响。

一、开放式课程（OCW）

2001 年 4 月，美国麻省理工学院（MIT）校长查尔斯·韦斯特（Charles Vest）在（时代）杂志上宣布正式启动开放式课程（MIT Open Course Ware，MIT OCW）项目。MIT 将利用几年的时间，将下属 5 个二级学院的 3300 门课程放在互联网上。免费供全世界任何人使用。MIT OCW 项目的目标是尝试为在线学习建立一个高效的、基于标准的典范，希望其他有兴趣提供在线学习课程的院校效仿，并为他们提供经验和帮助，公开发布并共享各自的课程材料，共同推动课程创新运动。

此后，在美国，犹他州立大学、约翰·霍普金斯大学、塔夫斯大学、卡耐基梅隆大学、加利福尼亚大学尔湾分校、圣母大学等高校加入了这一行列。世界各个国家越来越多的高等院校纷纷仿效，相继将部分课程放到互联网上和全世界共享。如法国巴黎高科的开放式课程计划。2005 年 5 月，日本早稻田大学、东京大学等 6 所高校启动开放式课程计划，2006 年 4 月正式成立了日本开放式课程联盟，而到 2010 年 1 月，其成员就多达 40 所高校。法国"巴黎高科"（Paris Tech）由 10 个正式成员和 1 个合作成员联合组成，正式成员均为法国公认的各自学术领域中最优秀的工程研究生学校。2005 年 12 月，巴黎高科启动"Paris Tech OCW"项目。

截至 2014 年 3 月，MIT OCW 已经建设了 2150 门课程。全球约 12 亿 5 千万用户访问了开放式课程内容。

开放式课程的迅速发展与多个因素有关。首先，科学技术不断进步使得教学资源的制作和提供更为简单，并且无须负担太多成本；其次，高等教育面临全球化、高龄化社会，以及高等教育机构之间的激烈竞争，需要考虑以不同的教学模式吸引更多学生；最后，习惯网络环境的数字一代人口越来越多，愿意使用和分享各种网络资源的思维也就更为普遍。

这些开放式课程具有几个共同特征：

（1）课程资源的设计开发采取自下而上的方式，由基金会和大学支持，由教师制作完成。

（2）资源的知识产权清晰。普遍遵从"知识共享协议"，任何人都可以通过互联网全球访问。

（3）除标准浏览器外，没有繁杂的技术要求。

（4）这些大学只提供课程资源，免费供全世界任何学习者和教学人员使用，无须注册、登记，不收费，也不提供学分和学位。

二、开放教育资源（OER）

2002 年 7 月，联合国教科文组织（UNESCO）在巴黎召开了题为"开放式课程对发展中国家高等教育的影响"的论坛。在这次会议上，首次提出"开放教育资源"（OER）的概念，认为开放教育资源是指那些通过信息通信技术来向有关对象提供的可被自由查阅、改编或应用的各种开放性教育类资源。这些教育资源可以通过互联网免费获得，用于教育机构教师的教学和学习者的学习。此后，UNESCO 不断对 OER 的概念和内涵进行讨论和修正。2006 年，在 OER 论坛的总结报告中，UNESCO 将 OER 定义为：OER 是指基于网络的数字化素材，人们在教育、学习和研究中可以自由、开放地使用和重用这些素材。

随着技术的发展和人们对此问题理解的深入，开放共享的理念已经逐渐被公众认可，开放教育资源运动在全球范围内已蔚然成风。除了以 MIT OCW 为代表的开放式课程外，开放的教科书、流媒体、测试工具、软件，以及其他一些用于支持获取知识的工具、材料和技术也纷纷被纳入开放教育资源之中。

从 OER 的分类上来看，UNESCO 认为开放教育资源包含学习资源、支持教师的资源和质量保证的资源三部分。其中，学习资源包括完整的课程、课件、内容模块、学习对象、学习支持和评价工具、在线学习社区；支持教师的资源包括为教师提供能够制作、改编和使用开放教育资源的工具及辅助资料、师资培训资料和其他教学工具；质量保证的资源是指确保教育和教育实践质量的资源。

焦建利[①]等学者认为，从 OER 内容和类型来分，开放教育资源可分为开放存取的教育内容、开放的标准和协议，以及开放的工具和平台三部分内容。

OER 的本质特征表现在：

（1）OER 是面向教育者、学生和自学者的资源，其目的是支持人们学习、教学或研究，促进教育资源的最大共享。

（2）OER 是基于信息通信技术的数字化资源，互联网为 OER 的实施提供了技术支持和运营环境。

（3）OER 包含内容广泛，不仅包括开放的课程资料、学习内容，还包括支持学习与教学的工具、软件和技术。

（4）OER 是免费的、开放的资源，是遵循开放许可协议的资源。其中特别需要注意的是，OER 中的"开放"（Open）并不意味着放弃著作权或

[①]焦建利，男，华南师范大学教育信息技术学院副院长。主要从事教育技术学教学和研究工作，分管本科教学、实验教学工作，协管消防安全，联系学院教学办、实验与资源中心和资料室。

免费获取享用，而是指遵守知识共享协议的开放，即在特定的条件下将部分权利授予公共领域内的使用者的开放。

在 OER 理念的推动下，国际教育资源运动风起云涌。在我国，2003 年，教育部启动国家精品课程建设项目。2003 年 4 月 8 日，教育部发布《关于启动高等学校教学质量与教学改革工程精品课程建设工作的通知》，要求建立各门类、专业的校、省、国家三级精品课程体系。

2007 年 9 月，20 位来自世界各地、从事不同职业、持不同观点的人士在南非开普敦签署了《开普敦开放教育宣言》。

开普敦开放教育宣言：我们正处于教育学的全球性的变革之巅，全世界教育工作者在互联网上开发出大量的教育资源，这些资源向任何人开放并供他们免费使用。这些教育工作者正在创建一个世界：地球上的每个人都能够获取人类所有知识，每个人能对人类知识的汇集做出贡献。

宣言构想出三大战略来实现开放教育资源的愿景：第一，号召广大教育工作者和学习者通过创建、提升和应用开放教育资源来积极参加这场运动；第二，呼吁作者和出版商公开发布他们的资源；第三，促使各国政府、议会以及高等教育管理者们优先考虑开放教育资源的倡议、收集整理的资源以及各种思想观点等。

三、公开课

视频公开课是开放教育资源发展过程中一种重要的网络教育形式，是指教师在自然环境下授课并与学生互动，用视频加字幕的形式记录完整的课程过程，并通过网络传播和共享。随着网络技术发展对在线高清视频点播的支持，高质高清视频课程的开发越来越受到关注。2009 年，哈佛大学与波士顿公共电视台合作出资，以三万美元一集的成本将哈佛大学教授迈克尔·桑德尔（Michael J. Sandel）的"公正"（Justice）课程制作为高质量视频课程。该课程在互联网上的热播受到了全世界的瞩目。之后，许多高质量视频课程被制作出来并通过互联网共享，如哈佛大学的"幸福"公开课、斯坦福大学的"经济学"公开课等。

目前主要的公开课资源有：

（一）可汗学院

可汗学院（Khan Academy）是由孟加拉裔美国人萨尔曼·可汗（Salmaa

Khan）于 2006 年创立的一家教育性非营利组织，由比尔和梅琳达•盖茨基金（Bill&Melinda Gates Foundation）及谷歌等公司提供经费支持。其主旨是通过在线视频课程，向世界各地的人们提供免费的高品质教育。

可汗学院的内容涉及从幼儿园到大学各个层次，学科涵盖数学、物理、生物、化学、计算机科学、金融、美术等众多学科，教学影片已超过 5000 段。同时，网站还提供练习、评价、教师在教室或学校中使用的工具包、指导者（如父母、教师、教练等）使用的工具面板以及游戏奖励机制。

可汗学院的主要特点有：

（1）每段课程影片长度约 10 分钟，从最基础的内容开始，以由易到难的进阶方式互相衔接。

（2）录像使用一种电子黑板系统，教学者本人不出现在影片中。

（3）适应性学习系统，学习者可以根据自己的学习情况选择要学习的内容。每个题目都是随机产生的，如果学习者需要帮助，每个问题能被分解为一个个小步骤。

（4）根据知识点之间的依赖关系和难度情况构成知识地图。

（5）使用勋章机制，提供了多种勋章。学习者在完成相关任务后会被授予勋章，从而提高积极性。

（6）练习系统记录了学习者对每个问题的完整练习内容。

（7）为教师提供课程教学数据和报告，帮助教师发掘和诊断问题，更好地做到因材施教。

（二）TED

TED（Technology，Entertainment，Design，即技术、娱乐、设计）是美国的一家私有非营利机构。该机构以其组织的 TED 大会著称，这个会议的宗旨是"用思想的力量来改变世界"。TED 诞生于 1984 年，其发起人是里查德•沃曼（Richard Saul Woman）。2002 年起，克里斯•安德森（Chris Anderson）接管 TED，创立了种子基金会（The Sapling Foundation），并营运 TED 大会。每年 3 月，TED 大会在美国召集众多科学、设计、文学、音乐等领域的杰出人物，分享他们关于技术、社会、人的思考和探索。

由于 TED 大会演讲的主要语言为英语，造成与非英语使用者语言上的隔阂。为此，2009 年 TED 推出开放翻译计划。该计划提供英文字幕，供志愿人士翻译成各种语言，目前已有超过 100 种以上语言的翻译。

（三）iTunes U

iTunes U 是苹果公司 2006 年面向全球开放的在线教育专区，提供了移动环境下强大的公开课学习资源，诸多名校，如哈佛、MIT、牛津等，都把自己的课堂的音频、视频、文档放在网上，用户可以通过 iTunes U 免费下载。

iTunes U 的特点包括：

（1）规模庞大的免费教育内容，涵盖上千种学科的 500000 多个免费讲座、视频、电子书和其他资源。

（2）汇集了一个课程的所有教材，包括音频和视频、电子书、教学大纲和课堂作业、教师发布的公告、PDF 文档、演示文稿等。用户只需手指轻轻点击，即可在 iPad，iPhone 或 iPod touch 上获得丰富的课堂体验。

（3）具有强大的笔记功能。在观看视频、收听音频或读书时，可以使用"添加笔记"功能输入记录的内容，iTunes U 会记录每条笔记在音频、视频或文本中的位置。

（4）快速共享信息。可以通过电子邮件或信息，将课程信息或课堂笔记发送给好友，并通过点击共享按钮的方式进行资源分享。

（5）完善的课程信息推送通知和信息同步功能，能够在新消息发布后推送给用户。并使用户的文档、笔记、重点内容和书签在所拥有的设备上保持同步更新。

苹果公司的教育生态系统中还包括 iTunes U Course Manager 课程制作工具和 Books Textbooks 互动出版物等。iTunes U Course Manager 目前已经在全球 70 个国家上线，能帮助教师在 iTunes U 应用上创建课程并向学生分发或进行公开分享。iBooks Textbooks 是面向 iPad 用户和教育市场的电子出版物，为用户提供了多样化的阅读体验，并可以进行笔记标记、添加书签等操作。

（四）网易公开课

2010 年 11 月 1 日，网易推出"全球名校视频公开课项目"，首批 1200 集课程视频上线，其中有 200 多集配有中文字幕。目前，网易公开课已经包含国际名校公开课、中国大学视频公开课、TED、可汗学院、Coursera 等栏目，用户可以在线免费观看来自国内外的公开课课程。

（五）精品视频公开课

2011 年 10 月，教育部在国家精品课程建设项目实施的基础上，决定开展国家精品开放课程建设工作。国家精品开放课程包括精品视频公开课与精品资源共享课，是以普及共享优质课程资源为目的，体现现代教育思想和教育教学规律，展示教师先进教学理念和方法，服务学习者自主学习，通过网络传播的开放课程。首批 120 门中国大学资源共享课于 2013 年 6 月 26 日正式通过爱课程网向社会大众免费开放。

第三节　慕课正引发一场学习革命

慕课创造了跨时空的学习方式，使知识获取的方式发生了根本变化，正在引发一场学习的革命和教育的革命，正在改变几千年来的教育模式。慕课正在倒逼我国教育的改革，谁在教育信息化潮流中落伍，谁就会被时代淘汰。

一、印刷术发明以来教育最大的革新

慕课，简称"MOOC"，也称"MOOCs"（Massive Open Online Courses），是一种将分布于世界各地的授课者和成千上万个学习者通过教与学联系起来的大规模线上虚拟公开课程。这一大规模在线课程掀起的风暴始于 2011 年秋天，被誉为"印刷术发明以来教育最大的革新"。2012 年被《纽约时报》称为"慕课元年"。斯坦福大学两个教授创立了 Coursera 在线免费公开课程平台，麻省理工学院和哈佛大学联手发布 edX 网络在线教学计划，慕课已成为当今国际教育界最热的话题。2013 年世界主要发达国家都纷纷推出了自己的慕课平台，如英国的"未来学习"、法国的"数字大学"、德国的"我的大学"，欧盟的"开发教育"、日本的 JMOOC 和澳大利亚的 Open2Study 等。在我国清华大学推出了"学堂在线"、上海交大推出了"好大学在线"后，一些高校已开始进行慕课的尝试，一些中学已开始通过制作"可汗课"微课程，帮助学生从辅导班、教辅书堆中解脱出来。只用了一年多时间，美国的 Coursera 已有普林斯顿、斯坦福大学等 100 余所世界一流大学为其提供的 500 多门优质慕课，来自全球各国学生人数已经突破了 550 多万。慕课正如一股洪流，以不可逆转之势向各级各类教育的各个层面渗透，使学生有了前所未有的选课自由度，可享受到海内外最优质的教育资源。

二、呈现了"未来教育"的曙光

慕课对高等教育和基础教育的冲击，引发了各种议论，有支持的，也

有诟病和反对的。作者认为目前对慕课的认识存在两个误区。

第一个认识误区是认为慕课就是网络视频课程，因此不屑一顾。事实上，慕课完全不同于近十多年来兴起的教学视频和网络共享公开课，它具有三个特点：一是大规模，与传统课程只有一二十个或一二百个学生不同，慕课的学生动辄上万人，甚至十几万人，优质教育受益范围可无限扩大；二是微课程+小测试，慕课授课形式生动活泼，充分运用动画、视频等手段，营造一种沉浸式、游戏化学习环境，使教学深入浅出，更有利于发挥学生的能动性；三是很强的教学互动，慕课完全克服了传统网络视频课程单向、没有互动的不足，慕课线上"你提问、我回答"，亦学亦师，形成强大的线上学习社区，极大促进了教师与学生之间的互动教学和学生与学生之间的协同学习。

第二个认识误区又有两种极端的观点，一些人认为慕课是万能的，未来教育都可通过慕课来解决；而持反对意见人以没有师生面对面的知识传授与交流而否定慕课。实际上这两种观点都是片面的。慕课当然不是万能的，重要的是慕课为促进教育公平、提高教育质量、推动教育创新提供了强大的手段。慕课的出现最关键的是引发了教学理念与方法的重大变革。传统的教学模式是老师在课堂上讲课、布置作业，让学生在寝室、在家做练习、做家庭作业。慕课引发的全新的教学模式称为"翻转课堂"，学生在寝室、在家完成网络在线的慕课学习，而课堂跃升为师生间深度知识探究、思辨、互动与实践场所，使以教师为中心的知识灌输为主的教学模式转变为以学生为中心、以能力提升为核心的个性化教学模式。实践表明，采用这种"翻转课堂"的学习方法，能够大大提高学生的学习效率和效果。这种线上线下混合式教育模式，也称O2O（online to offline），是既充分利用网络在线教学优势，又强化面对面课堂互动、进行知识传授与探索的全新教学模式，呈现了"未来教育"的曙光。

三、慕课正在倒逼我国教育改革

党的十八大提出要在 2020 年基本实现教育现代化。没有教育的信息化，教育的现代化就无法实现。十八届三中全会明确指出"构建利用信息化手段扩大优质教育资源覆盖面的有效机制，逐步缩小区域、城乡、校际差距"。对我国这样拥有 13 亿人口、幅员广阔的大国，要缩短与发达国家在经济、教育与文化之间存在的差距，要加快从教育大国向教育强国、从人力资源大国向人力资源强国迈进，慕课所引发的教育变革和给我国教育带来的机遇与挑战，应得到教育界的足够重视。

我们应加强有关慕课引发的全球教育资源配置对我国基础教育和高等教育影响与挑战的研究，尽快编制我国慕课发展规划与政策，同时加强对慕课的教育教学规律和可能引发的教育变革的研究，大力推进线上线下混合式教育模式。在基础教育上大力推进慕课和各学科重点、难点部分微课程的建设和我国慕课共享平台建设，为学生提供个性化学习支撑，让全国中小学共享优质教育资源，促进义务教育均衡发展，缩小校际教育资源差距，提高我国基础教育质量。在高等教育上大力推进高校慕课建设与慕课共享平台建设，实现高校优质课程资源共享及学分互认，促进高校学生跨校选课，缩小高校校际教育资源差距，提高高等教育质量，推动教育创新。在继续教育上，大力促进基于慕课的继续教育发展，向民众提供优质继续教育慕课，让慕课成为民众学习知识和接受继续教育的主要渠道，推进学分银行，打造灵活开放的终身教育体系，构建人人皆学、处处可学、时时能学的学习型社会。

第四节　慕课的种类

每一门慕课都包括三部分——内容、社交网络以及任务，三者设计的侧重点并不相同，由此可以把慕课分成三种类型，即基于内容的慕课、基于社交网络的慕课以及基于任务的慕课。其中基于内容的慕课主要是运用传统授课方式进行知识获取且侧重于他人组织的内容动态生成的慕课，它是以行为主义为理论基础的，Udacity、Coursera 等平台大多是这种形式；基于社交网络的慕课一定意义上可以理解为连通主义的慕课，它强调在对话和社交中构建知识，侧重于内容的动态生成，是需要自我构建才能生成知识的慕课；而基于任务的慕课，则是要在多重任务完成中获得技术和知识，内容也是需要自我构建和动态生成。后两者的典型范例就是作为连通主义鼻祖的 CCKOC 课程。

此外，还有一种分类方法是从理论基础出发，将慕课分成五种类型：讲授主义的慕课、认知主义的慕课、建构主义的慕课、社会建构主义的慕课和连通主义的慕课。不过，研究者更为认可的是以学习理论基础进行的分类，即基于连通主义和基于行为主义的两种：cMOOC 和 xMOOC。

一、连通主义学习理念下的慕课——cMOOC

（一）连通主义学习理念简析

连通主义是一种利用互联网思维来思考学习的本质和过程的学习理念，强调"在关系中学习"，具有自主性、多样性、连接性和互动性等特征。

连通主义是 2005 年乔治•西门思提出的，他在："Connectivism：A Learning Theory for the Digital Age"一文中系统论述了连通主义思想，认为网络环境下的学习，不再是一个人的知识积累活动而是将专门的学习节点与信息源连接起来形成学习网络的过程。它表述的是一种能够适应当前网络社会结构变化的学习，这种学习循环开始于个人——不同的人的知识网络是不同的，学习者在一定环境中围绕相关的节点对知识进行连通，使自己的知识网络得以延伸；同时，学习者的已有知识网络在交流与连通中与他人的知识网络进行碰撞，从而产生新的知识节点和信息源，使得知识无边界地一直延续下去。在这里，知识不再是已约定俗成的文本资料，而是将信息源与节点一直延伸，成为动态网状的信息流。

西门思在论述知识的形成时做了这样的比喻——知识"在管道中比管道中的内容更为重要"，意思就是知识是不断进化增长的，学会获取所需知识的途径远比当前掌握的知识更加重要。连通主义要表达的就是这种"在关系中学习"的理念。它描述了学习在网络时代里发生的过程，并且将学习看作个人知识网络形成的过程。通俗点讲，就是"在网络中"（实体网络和社会关系）形成"网络"（自己的知识网络）。西门思还在文中把连通主义的探索看作"探索混沌理论、网络理论、复杂理论和自组织理论的原理的整合"。

从上面的论述我们可以看到，连通主义具有以下几个要素：连通主义的适用情境——网络化、复杂化、混沌的情境；适用者——具有自主能力的个人或组织；学习过程——建立动态的、持续的网络。据此，可以这样描述连通主义：它是一种在混沌、复杂和网络化情境中，主要通过个体或组织自我建立网络来进行持续学习活动的理念。

在连通主义者看来，知识是处于网络之中的，并且它不能被定义，只能被描述。作为节点的知识是碎片化的描述性知识，连通性知识则是将节点连接起来的知识。所以知识要不断重组生成，在不同的情境中不同的节点知识重组、连接会产生不同的新知识。因此连通性学习就是将节点知识连接的过程，它可以由此及彼，也可以由彼及此。

知识的连通机会多少取决于连通性知识的共性多寡，共性越多，连通机会越多，连通性越强，生成的新连通知识联系越深。因此，高效的学习取决于在网络环境中知识的流动性。节点知识之间连通机会越多，生成的连通性知识也会越多，学习也就会越高效。这种理论指出了知识更新速度加快的原因：网络背景中，知识的传递和连通速度不是传统学校知识传递和连通的速度能比拟的。这种差异，与网络中信息传递的速度与网络出现前普通信息传递的速度的差异一致。

连通主义的学习理论，揭示了网络环境下知识与学习的动态性以及复杂化的特性，因为连通性知识具有动态性，连通主义中的学习并不关注知识的积累，而是关注对知识的生成。知识的学习要从一个节点出发，但并不是完结于这个节点；学习也不是一个人的"战斗"，而是一众带着各自不同知识网络的人集结在一起，分享与主题相关的有共性的节点，进而将节点连接延伸，达到各自的知识的学习与扩展的过程。这个过程是没有尽头的，就像一个人提供知识节点渐渐形成知识网络一样，旧的知识网络还能作为新的节点知识继续形成新的知识网络，一直延伸下去。

（二）教学模式

我们不难看到，cMOOC 教学模式中体现了建构主义的原理思想。建构主义认为学生要从知识的被动灌输者成为知识的主动构建者。客观世界是客观存在的，但是对客观世界的理解会因每个人的不同的认知视角而不同。学习不只是简单地接受，更应该是主动地构建。教师不是教学活动的主导者，而是发起者、引导者和组织者。在学习活动中，学习者需要较高的学习自觉性，才能完成课程的学习。

cMOOC 培养的是在大数据时代以及信息时代的发展背景下能够对数字信息给予恰当处理并形成自己知识网络的人才，所以这种教学模式注重知识的创新，让每个学生都成为信息和知识的生产和加工者，但是是否每个学习者都具有这样的能力，是值得商榷的。学习过程中是否每名学习者都能全神贯注于课程，也是一大问题。

（三）连通主义慕课的特点与范例——MobiMOOC

就像前文提到的慕课出现与连通主义息息相关一样，我们也可以说慕课是连通主义行实践的平台。自 2008 年由连通主义学者西门思和道恩斯开设的 CCKOC 课程始，连通进入慕课主义，即 cMOOC 发展了起来。因为具有和以往的网络课程不同的特点，它吸引了很多来自世界各地的线上学习者加入。下面就针对 cMOOC 课程中的一门具体课程——MobiMOOC 进行解读，以此来具体分析 cMOOC 的特点。

MobiMOOC 是 Mobile Learning 课程的缩写。它开设于 2011 年 4 月初到 5 月中旬，为期六周。开设者是几位来自英国、美国和比利时的移动学习领域的专家，Inge Ignatia de Waard 是这门课程的主要协调组织者。MobiMOOC 向任何感兴趣的人开放，它开设的目标是"帮助学习者了解移动学习的一般知识，鼓励并帮助学习者自己建立移动学习项目，为学习者就这一主题提供多种方式的交流和合作"。在课程的发布平台 WikiSpaces 上，可以找到关于这门课的课程信息（课程介绍、资源链接、每周话题、讨论活动以及通知公告等），还有大量相关的学习材料。课程讨论组以谷歌讨论组为主要场所，课程也允许学习者在其他如虚拟教室、RSS 等环境中参与讨论或分享。六周的课程一共有六个与移动学习有关的主题，分别是：

（1）移动学习导论——介绍移动学习的初步知识，提供学习资源，尝试使用移动工具进行学习。

（2）移动学习项目的计划——学习规划一个移动学习项目，尝试建立一个相关的项目。

（3）发展中国家的移动学习——介绍一些实施在发展中国家的公益移动学习项目，进行视频观看与讨论。

（4）前沿创新的移动学习——对移动学习的创新性进行探讨，参与头脑风暴与讨论。

（5）移动学习以及移动方式连接下的社会间交互——讨论移动学习与移动生活，通过视频与讲座直观了解这种交互作用。

（6）移动学习在 K12 中——运用实际案例阐述 K12 中移动学习的实施。

它的每一次课都包含一个与移动学习相关的主题，在主题的基础上开展学习活动与讨论。每个主题都会设有一个主持人，这里的主持人和其他参加者一样都是自愿的，接受的信息也完全相同。设立主持人是为了尽可能多地提出符合主题的想法，主持讨论的后续工作，在与参加者一起讨论交流同时，帮助参与者在已获得的信息的基础上构建适合自身需求的新知识。

因为课程需要学习者具有很强的自主自控能力，参与每一期话题、设计自己的项目都需要很大的精力和意志力，所以课程中的活跃参与者并不多，更多是加入了论坛和学习组而不积极参与讨论的"旁观者"。因此，课程的发起者和组织者要通过一定的奖励方式来刺激参与者积极参与话题讨论、提高参与的积极性。所以，MobiMOOC 的评价大多由教师完成，他们会集中地对参加者的学习进程作出评估，并据此给予积极参与者一定奖励，比如颁发证书、为参与者的移动学习项目提供专家支持等。

从上面整个 MobiMOOC 课程运行的流程我们可以看出 cMOOC 的以下几个特点：

首先，cMOOC 是以连通主义为理论基础开展在线开放课程，它的学习目标是要参与者共享资源，创建知识。它的学习过程是自发进行的，大多是以兴趣为出发点。这就要求参与者具有较高的自主和自控能力，而且同时要对相关的主题有一定了解和研究。

其次，cMOOC 的课程模式需要以一定主题为基础。课程组织者提供的资源更多是开放式的非结构化学习内容，这些资源围绕给定主题展开，给定主题就是对知识进行连接与创作的起点。它旨在建立一个学习的通道，希望学习者在课程中找到学习的"路径"，学会"意义建构"。参与者进入课程后，要在给定资源的背景下开始讨论和交流，分享与主题相关的已有知识，在分享的同时获得其他参与者的分享资源，并通过这种知识的连通充实已有知识、构建新的知识，从而形成更完善的知识网络。

最后，因为课程本身具有开放性和动态性，进行知识交互的课外讨论也不囿于单一的场所，它能够出现在多种诸如推特、博客等的社交媒体之中，所以 cMOOC 中的师生关系也是变化且平等的——课程组织者与学习者都是课程的参与者，大家借助彼此感兴趣的主题聚集在一起，平等交流讨论，分享知识，从不同参与者的分享中延伸自己的知识网络，形成新的知识。在 cMOOC 中，我们可以这样说：每个人都是组织者，每个人也是学习者。虽然最后的测评仍是由课程组织者做出，但是这种测评不是传统意义上的考试分数，而是对积极参加课程、参与讨论的学习者的一种肯定。

连通主义者构建了一个可以满足实时讨论以及知识生成的线上学习模

式，它自主自发，平等讨论，为生成新知识提供了路径，也有及时的反馈和评价。不过，这仍有许多不确定因素存在：

首先，连通主义下的慕课课程中，学习讨论与协作的交流基础很薄弱，网络学习不同于课堂，学习者彼此之间并不认识，没有信任基础，且人员流动性大。学习中的交流是需要学习者自发进行的，过程由学习者自己掌控。没有了规定的、设计好的学习活动，活动中的交流协作关系的建立比较困难。

其次，在交流中提供信息的学习者具有不同的知识结构和文化背景，感兴趣的点也各不相同，这会导致很多学习者陷入大量的资源信息中，茫然找不到重点。大部分的学习者在浏览了一定的给定资料并参与了讨论之后，，还会因种种原因没有办法深入到研究中去，只能中途放弃。

最后，慕课上课的时间分配一般是一周一次课，一门慕课最多不过三十几周就结束了，而很多信息和资源是没有办法在短时间内消化，参与者最终只好止步于一些节点知识的浅显了解，很难构成有用的知识网络。

以上这些，都是连通主义慕课暂时无法克服的缺陷，也因为这些局限性，慕课并没有在这一时期高速发展起来。

二、行为主义学习理念下的慕课——xMOOC

同前一部分一样，行为主义学习理念下的 MOOC 这部分仍是按照先做学习理论简析，再结合具体课程案例出发分析特点的框架进行。

（一）行为主义学习理论简析

行为主义是西方心理学的一个经典流派，主张采用客观的观察法和实验法来研究人的行为。行为主义学习理论的发展可以分作三部分：早期的行为主义者以美国心理学家桑代克（Edward L. Thorndike）和华生（John Watson）为代表，他们主张学习是刺激-反应的联结，认为学习过程就是在刺激情境中不断试误，直至找到正确答案反应的过程。因此，学习不是发生的偶然事件，而是经过一系列微小的、有顺序的步骤逐渐达成的过程。同时，学习也是一个外显的过程，是人对外部环境的反应。

新行为主义的创立者与代表人物是美国心理学家斯金纳（Burrhus Skinner）。他通过实验引入了"操作条件性反射"的概念，认为人的行为包括应答性行为和操作性行为，前者是已知刺激造成的反应，后者是与刺激物无关的自身反应。所以，人的条件反射也分为应答性反射（S）和操作性反射（R）两种。在学习问题上，斯金纳强调学习过程中有"反应概率的变化"，即"当主体学习时，反应速率加强；当主体不学习时，反应速率下降"。因此，强化在学习中的作用巨大，这就是行为主义的"强化理论"。它要求学习者在学习中要循序渐进，而教师可以利用强化物的刺激来促进学生学习，达到预定的教学目标。他的"程序教学法"是对这一行动主义学习理论的最好诠释。

新的行为主义发展出现了分派：除了以斯金纳为代表的激进派以外，还有以班杜拉（Albert Bandura）为代表的社会认知学习理论派。班杜拉认为学习是指个体通过对他人行为的观察，获得新的行为反应或者修正已有行为的过程。所以，学习来源于观察和模仿，处于什么样的社会就会模仿什么样的行为，而且个体会通过观察别人对某一种行为的奖惩来强化自己的行为，这被称作"替代性强化"。在替代性强化发生作用时，个体也可以进行自我强化，即个体可以自我观察自己的行为，根据一定标准来判断一种行为的好坏，进行自我强化。

行为主义学习理论强调学习过程中的刺激的强化作用，在传统的学校教育中，很多以知识传授为中心的讲授课程都蕴含着行为主义的学习理论思想，比如说利用一定的刺激（树立榜样、合理奖惩等）来强化学生的学习行为，使之注重练习，从而养成良好的学习习惯。传统的行为主义教学方法略显沉闷，却是对描述性知识进行教学的一种很好方式，也是能够满足班级中大多数学生一起学习需要的方法。

在慕课中，很多课程设计者放弃使用连通主义方法开设课程而是回归传统，更多是看中了传统行为主义授课方式在网络中的可传播性。虽然有人评价 xMOOC 是"搬上网络的课堂"，认为慕课没有教育学上的创新，却不能否认就是因为 xMOOC 侧重于使学生掌握教学内容而不是进行知识的生成，才能网罗各个领域的专家学者在自己熟悉的领域里开设各有主题的慕课，打破专业的限制；才能吸引更有志于求知的学习者加入慕课，参与学习并分享上课的体验与思考。

（二）教学模式

在课程开始前，教师把明确的教学大纲和课程进度发布到网站上，学生在注册选修某一门课程之后，要及时地了解课程进度，安排学习时间。开课之前，教师会提前录制好教学视频，这些视频不是课堂教学的录制版，而是特意为慕课课程准备的。为了保持学习者的学习兴趣，一大节的内容由若干个小视频组成，并且视频时间都比较短。为了保证学生学习的专注度，每个学习视频中都设置需要学习者回答的问题，回答正确之后继续学习。回答错误，回看视频，找到错误的原因，重新作答；回答正确，继续学习。在课程学习之中，教师会布置有截止日期的作业，学生需要在规定的时间内完成作业，否则 0 分处理。这些上交的作业由选修这门课的同学进行互评（Peer Grading）。互评结果随后公布，但是教师拥有最后裁决分数的权利。最后就是期末测试。由于是网络学习，学生需要在虚拟在线的环境下考试，诚信与否是教师面临的又一大问题。为了解决这个问题，edX 和 Udacity 施行"线上学习，线下考试"的原则。学生上网学习课程视频，如果你需要结业证书，就需要参加线下的考试，但是这类考试是需要学生交纳监考费用的。线下的考试由美国的 Pearson 公司负责。他们设想，随着各国考生的增多，他们计划运用托福、雅思的考试模式对非美国本土的学生进行最终测试。而 Coursera 则通过电脑技术对学习者的日常用语习惯进行监测，到了期末考试时，将考试中的语言与平时的语言进行对比；或者要求学生在装有摄像头的电脑上进行作答。但是这种全部依赖于电脑技术的测试还是有缺点的，随后 Coursera 宣布其网站也将会与 Pearson 公司进行合作。

（三）行为主义慕课的特点与范例——史记（一）"

"史记（一）"是 2014 年 11 月我国台湾大学历史学教授吕世浩在 Coursera 开设的一门历史读书课。课程一共持续 14 周，用中文讲授。它是吕世浩老师"史记"系列课程的第一部分（目前其后续部分还未开始）。这门课自开始之初就吸引了很多人的关注，这与吕世浩老师第一门中文文史类慕课"中国古代历史与人物——秦始皇"的成功有极大关系。到课程结束，这门课一共吸引了三万多人参与，其中的 204 人完成了课程并拿到证书。在果壳网的"史记（一）"学习交流区，有 383 条点评量、290 个讨论话题及 590 篇学习笔记，可见其火热程度。

"史记（一）"的课程设计与讲授框架和吕世浩先生在 Coursera 开设的第一门慕课"中国古代历史与人物——秦始皇"的几乎一致：每周一节课，分几个十几分钟的小视屏，每节课不是单单讲授历史的知识，还会用问题引导的方式让学习者思考关于人生的问题并以问题思考的方式推进课程，用吕老师的话来说，就是"通过这门课，让学习者明白历史的有用和有趣"。以下是"史记（一）"七次课的课程内容和相关主题：

（1）导论与太史公自序（一）——什么是责任？

（2）太史公自序（二）——以俟后世圣人君子

（3）报任少卿书——谁为为之？孰令听之？

（4）五帝本纪——固难为浅见寡闻者道矣

（5）吴太伯世家——道德与成败

（6）伯夷列传——傥所谓天道，是邪非邪？

每周课程除了附有引导性问题的讲课视频，也会布置相应的课后作业。"史记（一）"的特别之处就是"用'史记'的方式读《史记》"（吕世浩语），即通过文章本身去了解太史公作文所要表达的意思，并从中学到智慧。课后作业往往与学习后的自我感悟有关，比如第三次课后作业是"纪传体的核心在于人物，请选择你在《史记》中印象最为深刻的人物，写一篇期末报告"。就是要求学习者运用视频课件以及课下自己阅读《史记》的感悟，在熟悉文本的同时，了解作者司马迁在文章中记录和表达的观点，并发表自己的观点。这样的课程作业要求当然也比较宽泛，期末报告除了规定要写出人物的时代事迹和成败得失，也要写明学习者自己的感悟。报告内容和形式大多以开放式为主，最终作业的评定一般不采用选择回答、计算机直接给出答案的评分方式，而是和许多 Coursera 课程中评价非客观题的方式一样采用同伴互评（Peer Assessment）的方式进行。

在吕世浩老师看来，同伴互评是不得已之举，但同时也是学习者之间查看彼此想法、进行交流的机会。除了作业部分，平台还提供向学习者完全开放的讨论区和笔记展示区。讨论区是学习者和授课者交流答疑的地方，它的管理由课程发起者执行，授课专家会就一些大家共同关注的问题给予解答；笔记展示区则是学习者分享上课心得、展示听课成果的地方。除了这些，很多慕课平台会创造更多机会促成大家的交流，比如论坛以及线下讨论组等。同时，还能利用"传课网"软件，定期开设能让教师与学习者面对面的实时讲授课，方便双方的交流。

课程结束后，完成规定作业并通过测试的学习者能够得到课程的认证证书。而且，Coursera 平台还专门开辟了学习证书的展示区，希望通过"晒证书"的方式，激励更多人学习更多课程。

行为主义慕课相较于连通主义慕课而言，更具有传统的色彩。它的教学理念是："教师是专家，学生是知识的消费者；学习是学生习得由课程设计者组织并由教师传递知识结构框架的过程。"从授课方式上看，它和传统的教学非常类似，比如规定的授课时间，给定的讲课视频和问答讨论，还有作业与相关测评，等等。由此，我们可以看出 xMOOC 有别于 cMOOC 的特点：

首先，xMOOC 的理论基础是行为主义学习理论，它通过练习和强化进行知识学习，更侧重于知识内容传授。它的学习目标是通过给定讲座视频和相关知识资料掌握一定的学习内容。

其次，课程的设计与开展大多是利用视频、作业、测试等方式进行知识的传播与复制；教学的框架也按照传统学校授课的方式进行。学习者加入一门课程不一定需要很多的相关知识做铺垫，但是在课程中要按照课程进度阅读一些相关的书籍，扩充知识储备。在课程中学习者随时可以加入或退出，学习者具有极高的自主性，不过，想要获得结业证书，学习者需要在规定时间内提交一定次数的作业。

再次，授课的教师大多是各个领域的专家，具有相当的权威，虽然师生关系也有平等民主的一面，不过，授课教师对课程的主导作用还是很明显的。虽然授课视频走向受教师主导，慕课的讨论区和论坛却是随时开放、欢迎学习者随时交流与探讨的场所。同时，许多地区学校成立了线下的慕课讨论小组，将线上讨论与线下聚会结合在一起，形成混合性学习的模式。授课教师的团队负责管理论坛和讨论区的日常，对集中的问题和疑惑进行解答，论坛和讨论区活跃者大多是积极参加讨论的学习者，他们也会就一些问题给出答案，讨论区相对开放，可以就学习问题展开讨论，畅所欲言。

最后，课程结束颁发证书需要完成一定的作业和测试。作业评测大多根据授课教师给定的标准进行同伴互评。在测试前会有与学习者签订的信用保证书，测试一般是可重复测试的客观性题目。目前大部分的慕课测试环节是建立在信任学习者诚信的基础之上。关于考试的作弊监督除了头像认证等办法之外，暂时没有更好的解决办法，更多还是依靠学习者的自觉。不过，那些需要高校学分认证的课程的考试标准相对要求严格得多。学习者想要获得学分，需要交纳一定考试费用，并在平台合作的考试中心或者高校进行考试，才能通过测试，获得学分。

cMOOC 课程模式是基于连通主义学习理论开发出来的，它已有课程的内容也大多与"连通主义和网络环境中的学习"的探讨有关。虽然它在实践中也具有"大规模""开放性""免费性"等慕课的基本特征，也吸引了除本校课堂中的学生以外的、来自世界各地的众多学习者的参与，却并没有在可以包含更多课程内容的大众化教育中引起人们的追捧和热烈讨论。真正让"慕课"这一名词走入普通学习者大众的却是同样免费、开放，且不太强调知识的生成和建构的 xMOOC 课程。在本书中，主要以 xMOOC 为切入点分析相关问题，后面的章节中所指的慕课更多是基于行为主义学习理论的 xMOOC。

第五节　慕课的相关理论依据

一、建构主义理论

建构主义理论于 21 世纪成为一种主导的教育理论倾向，其哲学根源可追溯到古代的苏格拉底、柏拉图和康德；当今主要以维果斯基的理论为基础，综合了加涅的信息加工理论、心理学（人本主义）及社会互动理论（社会学）而成为了主流的教育学说。

建构主义理论主张知识与社会交互作用的结果，由学习者进行有意义的主动建构与先前的经验知识相结合，成为再次建构了的客观经验知识。维果斯基认为有意义的学习发生在学习者能够主动参与建构知识的理解和诠释。

从维果斯基的建构主义理论可以得知，学习者通过与其他人的交互来实现自己对于知识的建构过程，强调学习者与助学者（教师、学生）和情景的交互作用过程的动态性，将具有不同文化、历史背景的学习者加入到社会交互活动中来，将会呈现一种多元化的社会活动状态。因此，个体学习者的个人情感和个人需求应得到教育的重视。

建构主义理论的核心是：以学生为中心，强调学习者主动学习、建构和发现知识。（而不像传统教学那样以教师为中心，学生只是单向地接受知识。）

建构主义认为教学应当为学生创造良好的学习环境，帮助学生意义建构。环境中应提供多元化的认知工具，丰富的学习资源，有助于学习者与环境互动。学习者在交流协作、工具运用的过程中学习和建构知识。学习共同体之间会取长补短、共同学习、相得益彰。共同体中每一个个体的认知特点、认知特征和运作方式不同，各个小组的社会组织不同，这些差异为学习者之间交流、碰撞和发展提供条件。活动形式会影响个体知识建构，而共同体在完成任务，合作交流过程中，也会改变学习者的信念、知识和关系。教师要帮助学习者形成学习共同体，并在共同体中进行知识协作、交流沟通和知识建构。

建构主义学习理论的内容有：学习含义和学习方法。（1）学习的含义。学习是获取知识的过程。学习者能够在教师帮助指导下，利用环境中的资源建构知识，而不是单项灌输、被动接受知识。（2）学习的方法。建构主义注重教师指导下、以学习者为中心的学习。教师是帮助者、促进者。学生是不仅是信息加工主体，还是知识意义主动建构者。学生在学习过程中要主动搜集相关资料，将新内容与自己已有知识联系起来，运用探索发现积极主动建构知识的意义。

MOOC 中学习者可以利用各种工具，随时学习，促进知识建构。MOOC创建了一个学生学习社区，将所有优质资源集中在云端。学习者能够选择微博、论坛、社交网站等各种个性化工具，进行讨论和交流。学习者在这样的环境中成为学习的主动参与者，能够积极主动学习、促进知识的意义建构，这些都渗透着建构主义学习理论的思想。

二、群体动力学

群体动力学由德国心理学家勒温创立，主要是一门阐述群体发展运动规律的理论，表明组织中一旦有两个及以上加入而形成团体，就必然会发展成为一种相对比较复杂的关系，这种关系也将融入到群体的各个行为当中。

群体动力一般表现在全体成员中的各种影响，可以反映出群体的内部的动态过程。根据勒温的群体动力学理论可知，该理论系统包含三大要素，即凝聚力、驱动力和耗散力。这三种衍生于群体中的动力构成要素相互作用、抗衡，彼此消化、转化，推动着群体的演化和发展。

（一）群体凝聚力

群体凝聚力是一种维持群体稳定的坚定力量，通过各成员的个性融入的程度、群体的总目标和个体目标的相关程度去维系关系模式的情感因素，传达出群体与成员、成员与成员间的各种交互关系的紧密程度。

（二）群体驱动力

群体驱动力是保持群体具备动力的主要因素，大致表现在鼓舞和维持群体的士气方面上。当群体进行相关的活动时往往会凸显出群体的一种态度和状态，而群体驱动力则是保证此种活动进行的动力装置。在具体教学过程中主要通过设定一些航标（学习任务、目标等）、典型（优秀的学习者等）及条例制度（评价标准体系等）来激发群体的驱动力。

（三）群体耗散力

群体的活动中是以动态的方式进行的，期间不但可以产生有利于群体发展的凝聚力和驱动力，同时也将是一个耗散的场，产生一种不利于群里凝聚和影响群体的整体绩效的耗散力。主要表现在群体的消极氛围活动、群体缺失决策者和群体冲突等，因此在实行群体活动时应尽量避免群体的耗散力。换言之，组织者在群体活动中应与群体成员以加强讨论、沟通等方式努力化解压力和冲突，使群体活动在一个良性的氛围中发展。

三、情境认知理论

人类的社会活动是复杂多样的，个体拥有着不同的社会属性（社会、历史、文化和认知等因素），在参与各项社会活动时进入相应的环境中去直接互动与反馈的方式。由此可见，情境是人类进行一切认知活动的基础。在情境认知理论中，学习活动就是通过学习者参与到这个同他人和情境环境的相互影响、相互作用的认知实践过程。情境认知过程在活动中主要表现为：

（1）情境性。该理论强调情境的重要性，在学习认知活动中，往往根据需要去设定相关的情境的线索，去指引学习者进行有效的学习。

（2）主动性。在基于情境的学习环境中，学习者不应只是被动地去观察学习过程，而要参与到与教师、同伴的交流互动中去建构知识产生的真实情境。

（3）探究性。在情境交互认知过程中，辅助者应该让学习者投入于真实的困境中去探究，而不是直接给出解决方案，这将有利于专业思维能力的培养。

四、协作学习理论

众所周知，人类社会是一个紧密协作的群体，协作性融入在人的生活方式和劳动方式的活动中。协作学习理论是指学生为在知识技能的学习过程中完成共同的学习目标，而通过协作的方式共同进取的一切相关活动。

协作学习一般是由教师来分配学习任务和控制教学过程，对于在课堂中进行的协作学习，教师的地位和作用是很重要的。但在慕课的学习过程中，专家、教师及学员之间可能身处异处，各自之间的交流互动都依靠网络技术，在这种突破时空界限的教学模式中，教学设计往往需要设计出协作的理念，使得学员们能够体会到亲近感和归属感，这有助于教学效果的提升。

五、活动理论

活动理论作为一个交叉学科，20世纪90年代时被引入于美国和其他西方国家，是研究在特定社会文化背景下人的行为活动理论，最早是被应用于残疾儿童的教育和设备控制面板的人性化设计。活动理论的哲学基础是马克思、恩格斯的辩证唯物主义哲学。它的基本思想是：人类行为活动是人与形成社会和物理环境的事物以及社会和物理环境所造就的事物之间的双向交互的过程。活动理论主要包括以下几个方面：

（一）基本的分析单位——活动及活动系统

活动时活动理论中的基本分析单位。一个完整的活动系统包括三个核心要素和三个次要要素，次要要素之间又构成了核心要素之间的联系。由此可知，活动理论认为人类的任何活动都是指向对象的，并且人类的活动是通过工具作为媒介来完成的。

（二）活动具有层次的结构

活动理论认为活动受动机的支配，由一系列大行动组成，同时每个行动都受目标的控制。行动是有意识的，并且不同的行动可能会有相同的目标，相关的操作受环境条件的限制，只是被用来调整活动以适应环境。

（三）活动是发展变化的

任何活动的进行都不是固定不变的，在人类进行的这一复杂的社会行为活动受各方面环境等因素的影响，同时人类的行为活动又影响着环境的变化；可见，活动是在发展中伴随着变化的。

六、认知负荷理论

20世纪80年代，心理学家John Sweller等人提出认知负荷理论。90年代，该理论逐渐受到关注，得到扩充和发展，并成为人们进行教学设计的理论基础。认知负荷指在进行智力活动过程中，工作记忆需要处理的所有智力活动的总量。工作记忆有限加工容量的假设及图式理论是其主要的理论基础。

（一）认知负荷的类型

认知负荷类型有：内部认知负荷、外部认知负荷和相关认知负荷。

学习者已有的知识和学习任务的复杂程度决定了内部认知负荷。学习者需要在工作记忆中把学习材料中的图式元素进行加工整合。如果学习者原有的知识水平低，学习材料复杂，那么学习者在学习过程中就会运用大量工作记忆的元素，进而产生高的内在认知负荷。相反，则会产生低的内在认知负荷。

学习者参与的学习活动和教材呈现方式引起外部认知负荷。如果学习材料组织方式和呈现方式会干扰学习者建立图示间的联系，或者没有对这一过程产生效果，就会带来额外的负荷。教学设计的好坏、教学活动信息传递渠道是否通畅、学习活动是否复杂，都会影响学生在学习过程中获得图式的干扰程度，进而影响外在认知负荷。

相关认知负荷是促进学习者建立图式的负荷。相关认知负荷与图式自动化的过程相关，是有效的认知负荷。当学习者具备较高的比较、推理和重组能力的时候，更能有效地将认知资源分配到活动中。

三种类型的认知负荷并不是独立作用，而是共同影响学习者认知效率。好的教学设计有助于增加学习者相关认知负荷，减少外部认知负荷，并使认知负荷总量控制在学习者工作记忆容量能够承受的范围内。

（二）认知负荷理论的主要观点

（1）学习发生在工作记忆中，工作记忆容量有限。认知负荷理论认为，工作记忆的特点是在信息加工过程中能够保持和处理信息，即学习者同时处理信息和保持必要信息。工作记忆容量有限，能够即时处理的信息组块是 5 至 9 个，工作记忆容量限制学习的有效性。学习活动的认知资源总量超过工作记忆的承受范围，会导致学习者认知资源分配的不足，进而阻碍学习者有效地意义建构，形成认知超载。

（2）学习过程是将信息转化为图式储存在长时记忆的过程，即认知图式构建和自动化的过程。长时记忆中知识的存储方式是图式。学习就是学习者通过利用记忆中的图式加工、整合新信息，从而增加图示数量、扩大图式规模、提高图式质量的过程。

（3）图式自动化能够降低学习者认知负荷。学习者对某领域的知识技能熟练掌握后，对该领域中资源消耗和认知控制就会减少，进而转变为自动化认知过程。认知图式自动化大大减少了资源消耗和意识控制，释放工作记忆容量。

MOOC 中课程内容都在几分钟到十几分钟不等，学习者在短时间学习过程中产生的认知负荷，不会超过工作记忆容量，促进学生有效地学习。MOOC 学习材料通过文本、声音、图像、ppt 课件等多种方式相互整合地呈现给学生，有效降低学习者的认知负荷。

七、行为主义学习理论

行为主义学习理论的主要代表人物是斯金纳。斯金纳于 1954 年发表《学习的科学与教学的艺术》，在教育界掀起一场革命。斯金纳将开发有效教学材料，促进人类有效地学习作为自己的理想。他认为人类的学习是一种操作反应的强化过程。一个比较完整的行为可以通过操作性强化来完成。难度较大的行为的学习可以分成很多个小步子，每个小步子的强化程度由易到难，逐步增加，最终达到目的。也就是在促进学习者学习的同时，根据教学目标，不断给予学习者强化，使学习者朝着学习目标进步。

程序教学法遵循斯金纳的行为主义学习理论，主要有以下 4 个原则：

（一）积极反应原则

教师在教学中要注意保持学生积极的学习状态。具体做法是要让学生对学习做出反应，然后强化或者奖励这个反应，达到巩固该反应的目的，进而引导学生做出下一个反应。

（二）小步子原则

程序教学要把一门课程教学内容分解为前后衔接的内容，并且将这些内容一步一步呈现给学生。学生在完成前一步学习后才能进行下一步的学习，前面的内容给后面学习做了铺垫，后面的学习是前者的进一步延伸。由于每两个步子之间的难度小，学习者的学习更容易成功，从而建立起学习的自信心。

（三）即时反馈原则

斯金纳认为使学生树立信心、保持学习行为有效的一个重要措施就是即时反馈，也就是让学生在练习后立即知道答案，了解自己的学习情况。当学生对前一个问题做出正确的回答之后，立即给学生呈现出第二个问题，这本身就是一种反馈：让学生了解到自己可以进行下一步的学习。

（四）自定步调原则

传统教学中教师一般以大部分学生的掌握知识的水平作为参考，确定掌握材料的进度。这种教学方法容易使得学习能力强的学生被拖住，同时又使得学习比较慢的学生跟不上进度，不管对那一类学生而言都存在问题。程序教学法允许学生根据自己学习情况来确定知识学习的速度，从而掌握学习的进度。

MOOC 制课团队也参考了程序教学法。MOOC 将视频分解，并且在视频中嵌入各种类型的习题和小测验。小视频方便学习者利用短时间来学习充实自己，小测验能够对学习内容进行强化和巩固，帮助学习者进行知识的迁移。

八、掌握学习理论

掌握学习理论的代表人物是布卢姆。美国为了提高国家科学技术水平，以结构主义课程理论为指导思想，进行课程改革。但由于其改革过分强调学术性、理论化和结构化，导致学校教育质量大幅下降，出现很多"差生"。为了解决教育改革中出现的问题，大面积提高高校教学质量，布卢姆深入学习教育学、心理学、社会学等理论，广泛吸取世界著名教育家的教育经验，并在美国教学实践中进行深入的实践研究。布卢姆对于当时教育界中广泛流传的"教育的功能是选拔而非发展"的教育理念提出质疑，并且提出"掌握学习理论"。在战后世界范围内的教育改革中，"掌握学习理论"产生了广泛的影响，被美国称为最有意义的教育研究成果之一。

掌握学习理论的核心思想是"为掌握而学""为掌握而教"。（1）教师只要运用适当的教学方法、给予学生足够的时间学习，所有的学生都能够掌握所学内容。掌握学习就是在 95%以上的学生都能够掌握的理论指导下，给予学生足够的学习机会和学习实践，通过及时有效的学习反馈、有针对性的个别指导，从而使得大部分学生都能够达到教学目标的标准。（2）布卢姆认为个别学生的成绩不能评价整体教学水平的高低，几个尖子生或者差生都不能代表教学质量的好坏。教学评价应该根据所有学生的学习情况做出，而且教学评价不是为了划分学生的等级，而是为了了解学生掌握课程内容的情况，是为了更好的教学。

布鲁姆根据掌握教学理论，设计了以下教学步骤：教学目标设计、集体教学、个别化矫正学习、形成性评价、加深学习，最后发展总结性评价等。MOOC 课程中教学目标设计、教学过程中情感投入以及注重为学生提供无压力的学习氛围，让学生成为学习的主体，自己掌控学习步调，这些都体现出掌握学习理论的思想。

九、人本主义学习理论

罗杰斯和马斯洛是人本主义心理学的主要代表人物。人本主义心理学家一致认为人的潜在能量决定人的基本需要，个体自我实现的需要是人成长的来源。自我实现是人格形成发展的驱动力，在这一思想影响下形成了人本主义学习理论。人本主义理论认为经验的过程就是学习的过程，形成与获得经验是学习的实质，并提倡以学生为中心的教学观。教师要激发学习者的动机、使学习者潜能有效发挥，需要给学生提供一个安全、宽松、自由的心理环境。

人本主义学习理论的基本要点如下：（1）知情统一的教学目标观。教育的理想是培养身体、心灵、情感、态度融会一体，能够适应变化和知道如何学习人。（2）有意义的自由学习观。罗杰斯认为学习方式包括为无意义学习和有意义学习。无意义学习不涉及个人感情和个人意义，是发生在颈部以上的学习。意义学习不仅促进学习者知识增长，而且促进学习者未来的个性、态度、行为等发生重大变化。（3）学生为中心的教学观。有意义的自由学习观念决定了教学观念是以学生为中心。教师要以学生为中心，创设促进学习的气氛，提供丰富的学习资源，让学生自己决定学习内容和学习方法。学习者也要充分利用教师提供的各种丰富资源，发展个性，适应变化。

MOOC 在激发学生学习动机、以学生为中心、注重学生需要等方面都体现出人本主义思想。（1）MOOC 学习都是自发的学习，学生自己发动动机学习才能真正学到知识。（2）MOOC 学习中重视学生的需要，学生自己决定学习的内容、学习的时间和学习的进度。教师只是课程的发起者和引导者，提供有用的知识和学习资料。（3）MOOC 中学习环境的开放性和灵活性有利于学习者学习，教师和管理人员也为学习者主动探究提供了人性化服务，处处渗透着"以学生为中心"的思想。

第二章　慕课的发展历程

以 Udacity、Coursera、edX 为代表的慕课平台在 2012 年成立之后，迅速席卷全球。慕课热潮持续升温，世界各国都加快推动了慕课平台建设、课程建设以及教学应用。没有一个国家和区域想在这场在线教育的巨变中被甩在后面。在政府、企业、院校、教师、学习者多方面的积极参与和推动下，慕课在高等教育、职业技术教育乃至基础教育领域，在国内和国外都呈现出了一种"井喷"式的发展态势。

第一节　慕课领导者

2012 年始，慕课便得到快速发展。这一年，Coursera、edX、Udacity 相继成立。作为目前该领域的开辟者和领导者，被喻为慕课领域的"三座大山"。三个平台在课程运营、院校合作、商业模式等方面具有不同的特色和各自的优势，并为其他追随者不断地学习和模仿。

一、Coursera

（一）背景

Coursera 由斯坦福大学教授达芙妮·科勒（Daphne Koller）和吴恩达（Andrew Ng）于 2012 年 3 月创办。它是一个营利性平台，截至 2013 年 11 月，Coursera 四轮融资总共已获资金总额为 8500 万美元。

Coursera 成立后，积极开展与全球知名高校的合作。截至 2014 年 3 月，已有 108 所大学加入 Coursera，包括超过 25 个学科的 600 余门课程，授课语言包括英语、西班牙语、汉语、德语等 13 种语言，注册学习人数超过 500 万人。

（二）平台特色

学习者可以在 Coursera 选择课程，注册后开始学习。网站提供的主要课程模块有课程安排、阅读、作业、小测试、考试、调查、视频、论坛、课下见面会、Wiki 等。

在课程的互动上，除了通过在线论坛和学习小组进行课程互动，还组织线下见面会（Meetup）开展学习者之间面对面的交流。

在评估方面，提供在线测验、作业与习题。Coursera 还设计了共有特色的学习者互评系统，通过培训学习者使用评分规则来批改和评定同学的作业，使学习者获取课程反馈，同时也在互评过程中获取学习经验。

学习者完成课程后，可以获取任课教师签发的"课程证书"，2013 年 1 月，Coursera 还推出了付费的签名认证（Signature Track）证书项目，将课程完成情况与学习者的个人身份结合起来，证明是学习者亲自完成了课程内容，由 Coursera 和开课学校共同担保学习者学习证书的真实性和价值。

在学分认证方面，美国教育委员会（American Council on Education，ACE）于 2012 年 11 月启动了一个新的项目，通过大学学分推荐服务（ACE's College Credit Recommendation Service，ACE CREDIT），对 Coursera 在线课程进行学分评估。2013 年 2 月，首批 5 门课程通过了 ACE 的学分评估，学习者完成这些课程将有可能转换为真正的大学学分。Coursera 还推进了就业服务计划（Coursera Career Services），根据学习者的兴趣、技能和知识，为学习者推荐适合的公司和潜在雇主。

2013 年 12 月，Coursera 推出了 iOS 版移动客户端。在客户端上，用户可以轻松实现观看上课视频、记录笔记等一系列操作，更方便使用碎片化时间进行课程学习。

2014 年 1 月，Coursera 推出了专项课程（Specializations）项目。专项课程提供了针对某个主题设计的一系列连贯的学习课程。首批推出 10 个专项课程，涵盖了许多热门的前沿学科领域，如数据科学、网络安全、现代音乐家、系统生物学等。许多项目课程设有独特的"毕业设计"环节，使得学生能够将项目课程中所学到的知识在实际社会场景中进行运用。大部分专业认证的总课时在 20 周以上，学生付费完成该专项中签名认证（Signature Track）的课程，并根据完成情况获得证书。

例如，"基于安卓系统的移动云计算"（Mobile Cloud Computing with Android）专项课程就包括了"Android 手持系统的移动应用编程"（Programming Mobile Applications for Android Handheld Systems），"面向

模式的软件架构：Android 手持系统的移动应用编程"（Pattern-oriented Software Architectures； Programming Mobile Services for Android Handheld Systems），"Android 系统的云服务编程"（Programming Cloud Services for Android Handheld Systems）三门课程和一个毕业项目。三门课程分别由不同学校的教师授课，最后完成课程的毕业设计项目。每门课程和毕业设计均为 49 美元，学完整个课程项目需花费 196 美元。

在传统教育环境中，学习者需要在几年的时间里修习一个专业知识体系的若干门课程。专项课程将课程进行了更灵活的组合和更细致的划分，在当前知识更新速度极快的时代具有积极的意义。

二、edX

（一）背景

2012 年 5 月，哈佛大学与麻省理工学院各出资 3000 万美元联合创建了非营利性 MOOC 服务机构 edX，其前身起源于麻省理工学院 2011 年 12 月宣布实施的在线开源学习项目 MITX 和哈佛大学的网络在线教学计划（Harvard Open Learning Initiative）。截至 2014 年 3 月，edX 共开设了 163 门课程，覆盖了 25 个学科。

edX 的建设目标是通过 edX 平台建立一个庞大的全球性在线学习平台。除了提供在线课程外，麻省理工学院和哈佛大学将使用该平台对教学方法与技术展开研究，探索线上、线下混合教学模式、教育效果评价、教学法、远程教育效果和学业管理等方面。麻省理工学院校长苏珊·霍克菲尔德（Susan Hockfield）博士指出："edX 是提升校园质量的一项挑战，利用网络实现教育，将为全球数百万希望得到学习机会的人们提供崭新的教育途径。"麻省理工学院阿南特·阿加瓦尔（Anant Agarwal）教授就任 edX 的第一任主席。

（二）平台特色

edX 在战略上推动建立 x 联盟（xConsonium），x 联盟成员均为全球顶尖大学，当前包括了来自美国、欧洲、澳大利亚、亚洲等地的 34 所高校，每个高校以"学校名称+X"表示。如哈佛大学为"HarvardX"，清华大学为"TsinghuaX"。

edX 在 2013 年 9 月推出了 X 系列（Xseries）课程，每个系列包括某个学科的若干门课程，修课时间一般为 6 个月到两年。学习者完成课程后可获得 X 系列课程证书，证明学习者完成了本领域的课程。目前已开设三个系列：

（1）计算机科学导论（Foundations of Computer Science），7 门课，350 美元。

（2）供应链管理（Supply Chain Management），3 门课，300 美元。

（3）空气动力学（Aerodynamics），2 门课，200 美元。

X 系列课程采用 edX 的身份认证机制"Verified Certificate"，与 Coursera 的签名认证（Signature Track）相似。

三、Udacity

（一）背景

前斯坦福大学教授、谷歌 X 实验室研究员塞巴斯蒂安·史朗（Sebastian Thrun）与大卫·斯塔文斯（David Stavens），迈克·索科尔斯基（Mike Sokolsky）于 2012 年 2 月联合创办了 Udacity。这是一个营利性慕课平台。在此之前，2011 年秋天，史朗与诺维格联合开设了"人工智能导论"免费课程，来自世界各地的 16 万人注册了该课程进行学习。

Udacity 平台的课程以理工类为主，主要侧重于计算机科学以及相关的科学、技术、工程和数学学科（STEM），目前开设了 36 门课程。在合作方式上，Udacity 采用的主要是平台与开课教师个人之间的合作，与院校的合作占较小部分。

（二）平台特色

Udacity 平台提供的主要课程模块有课程通知、课程进程、视频、作业、测试、讨论组、Wiki 等。每一门课程的每个单元又包含多个知识块，每个知识块都有对应的练习与课堂笔记。在课程评估方面，提供了在线测试、习题与相关作业。Udacity 还推出了免费的就业匹配计划，帮助学生把简历推荐给合作企业。

2013 年 5 月，Udacity 与美国电报电话公司（AT&T）和美国佐治亚理工学院（Georgia Institute of Technology）合作推出第一个基于大规模开放在线课程的计算机科学硕士学位课程（Online Master of Science in Computer Science，OMSCS），2014 年秋季开始招生。美国电话电报公司为该计划的启动赞助了 200 万美元。在线硕士课程学习时间为三年，每个学分仅 134

美元，总学费为 7000 美元，而传统教学的学分在 4 万美元左右。佐治亚理工学院和 Udaciry 将从学费中分别获得 60%和 40%的利润。这是第一个通过在线教育授予学位的项目，也标志着慕课发展历程上的里程碑式的突破。

第二节　慕课的国际发展

以 Coursera、edX、Udacity 为代表的大规模开放在线课程——慕课（MOOC）诞生以来，迅速成为全球，特别是教育领域关注的热点，并得到迅速发展。各国政府、教育机构、社会团体都重视并加大了对慕课的支持，积极参与慕课建设，涌现了很多优秀的在线教育平台。从欧洲到亚洲，基于慕课模式的在线教育联盟不断成立。

在当前主要平台提供的课程中，Coursera 平台的课程最多，其次为 edX；在课程的学科方面，人文类、计算机类、经管类学科的课程数量最多。

一、FutureLearn

FutureLearn 由在远程教育领域颇有成就的英国开放大学（Open University）发起，于 2012 年 12 月 14 日成立。创始单位为 12 所高校，包括利兹大学、伯明翰大学、伦敦国王学院、布里斯托大学、卡迪夫大学、东安格里亚大学、埃克塞特大学、兰卡斯特大学、南安普顿大学、圣安德鲁斯大学、华威大学以及开放大学。2013 年 2 月，大英图书馆和 5 所高校（巴斯大学、莱斯特大学、诺丁汉大学、贝尔法斯特女王大学和雷丁大学）加盟，3 月，英国文化协会加盟。

FutureLearn 在英国开放大学远程和开放学习领域所取得成功的基础上建设新的运行机制，向全世界的学习者开放学习，并将移动技术、社会性网站结合到平台中，以重构学习者的学习体验，其目标是打造成为世界范围内的英国高等教育品牌。FutureLearn 第一批课程于 2013 年 9 月中旬推出，涵盖文学、历史、社会科学、计算机和信息技术、环境和可持续发展、市场、心理以及体育等领域。在 FutureLearn 开放 24 小时后，就获得了来自158 个国家的 2 万名注册用户。

FutureLearn 希望通过在线免费学（Learn Online for Free）、有步骤地

学（Learn Step by Step）、向专家学习（Learn from the Experts）、大家相互学（Learn from Each Other）等课程学习方式，为学习者提供优质的学习服务。其主要特点包括：

（一）按周授课

FutureLearn 中每门课程按照周进行安排，提供了包括视频、音频和文字资料等学习资料。这些素材都可以通过网络搜索进行分享和查找。

（二）课程视频

FutureLearn 的课程提供英文字幕，并可以下载字幕的 FDF 文件。字幕默认位于视频下方，并隐藏控制按钮。鼠标指针放上视频后会显示进度条和全屏、字幕选择等按钮，字幕会自动跳到视频上方，以避免被进度条挡住。

（三）社交互动

在课程视频页面下方有一个红色的小按钮，用来打开讨论区，不需跳转页面就能随时参与课程讨论。

社交互动是 FutureLeam 学习体验中的核心内容，用户可以通过对话或参与讨论的方式进行互动学习。FutureLeam 为每位学习者建立档案，用户可以访问其他用户的档案，可以单击"Follow"关注感兴趣的人，接收对方的动态，在课程讨论中还可以为喜欢的发言点"赞"。这些基于社交网站运作的理念能有效地促进社区学习。

（四）及时反馈

在课程学习中，会安排作业或测试。在学习者回答测试问题后，每个答案之后会提供反馈意见和提示信息，回答正确则可以看到点评。如果答错了，则系统会给出提示性内容，以帮助学习者发现学习中的问题。学习进程页面显示用户已完成的课程、总体得分以及与其他用户互动的活跃程度。

（五）学习认证

学习者的所有学习记录将被系统保存，学习者可以获取学习记录，并在 FutureLearn 之外使用，以证明完成了相关课程的学习。FutureLearn 还将试行付费获得学习完成情况的说明，以及在本地考点参加课程考试的服务。

二、iVersity

iVersity 于 2011 年 7 月在柏林成立，最初是一种提供在线学习协作的工具。2013 年，iVersity 将发展方向调整到开放课程领域，建设了慕课平台，

2013 年 10 月，iVetsity 推出了首批 24 门慕课，注册学习人数达到了 100 万人。同时，iVersity 面向全球征集课程，目前课程语言以英语为主，也包括部分德语课程和俄语课程。

（一）模块结构

iVersity 认为在线视频、交互式反馈和学习者互动是开放课程中的核心要素。iVersity 课程包括四个主要模块：章节教学、课程信息、课程通告和讨论区。在章节教学中，学习内容包括多个小的学习单元，以及作业练习。

（二）课程视频

在章节学习中，左侧为视频，右侧为测试题，将测试与视频放在一起有助于学习者带着问题学习。视频提供了字幕、多种速度快进和多种清晰度的下载。课程视频下面有课件、扩展阅读和基于该学习内容的相关问题讨论，并且会给出每个章节学习的进度情况。

（三）讨论区

在讨论区可以自由提问，可以对讨论区的内容进行搜索、排序和按章节查看，答案列表按照支持的票数多少排序。这增加了用户学习和参与讨论区的动力。

（四）社文互动

iVerstiy 实现与主流社交网站的互通，学习者可以直接使用 Facebook 注册登录，在学习过程中，也可以将感兴趣的内容或帖子分享到 Twitter，Facebook，Google Plus 或电子邮件。

（五）学习认证

在 iVerstiy 完成相关的课程作业和考核后。学习者可以获取证书，并且已有三门课程获得欧洲学分互认体系（European Credit Transfer System，ECTS）认证。

三、Open2Study

2013 年 3 月 21 日，澳大利亚高等教育部部长克里斯•鲍文（Chris Bowen）正式宣布发布澳大利亚第一个网上教育平台 Open2Study，标志着澳大利亚正式迈入慕课领域。Open2Study 由澳大利亚私营远程在线教育机构澳大利亚开放大学（OUA）创建，为学习者提供免费在线课程。

我国华南理工大学国际教育学院刘程教授主讲的"中国语言与文化"

课程于 2014 年 2 月 17 日在 Open2Study 开课，该课程也是中国高校登陆慕课平台的首门全英文课程。

（一）课程设置

Open2Study 上每门课程安排为四周，每年进行 10 次循环授课。Open2Study 还提供了自适应类型课程。自适应类型课程没有统一的开始和结束时间，学生可以随时注册，按照自己的节奏修完课程，获取证书，学习课程的时长也没有限制。

课程分为多个模块，每个模块包括一系列教学主题视频，每个视频 5～10 分钟。Open2Study 课程视频位于 YouTube 上，视频配有英文字幕。视频右侧为学习模块列表。完成某个主题教学视频学习后，可以进行小测试以检验学习效果；完成一个模块中的所有教学主题后，需要参加单元测试。

（二）课程讨论区

Open2Study 提供了两种讨论区：网站讨论区和课程讨论区。网站讨论区针对 Open2Study 平台使用的相关问题进行讨论。课程讨论区位于视频下方，学习者可以在学习过程中随时参与本课程讨论，并可以对讨论帖发表评论或进行投票。

（三）社交互动

Open2Study 设计了丰富的互动因素,学习者可以使用 Facebook、Twitter、谷歌、Linkin 等账号登录。在学习中，可以将感兴趣的内容分享到 Facebook、Twitter、Google Plus、Linkin 等社交网站，并可以邀请 Facebook 等网站的好友加入 Open2Study。除了社交网站，Open2Study 本身也具有丰富的互动机制，系统会推荐其他选课同学，学习者之间可以建立联系（Connection），并且通过消息（Message）进行互动。

（四）勋章机制

为了调动学习者积极性，Open2Study 设计了几十种丰富的勋章。如注册网站、在社交网站分享信息、参与课程讨论、完成课程、通过考试等各种学习行为，都可以获得形式多样的勋章，这些勋章会显示在用户的个人档案页上。

（五）学习认证

Open2Study 平台提供了免费课程，如果学习者有课程认证的需求，澳大利亚开放大学还提供了 50 门在线认证课程，用户也可以选择认证课程进行学习。

四、Udemy

Udemy 是由埃伦·巴里（Eren Bali）于 2010 年创建的一个在线教学的平台，它允许所有用户开发并创建自己的课程，并以免费或收费方式发布。Udemy 使每个具有一技之长的人都有机会在线传授个人知识，以达到分享和盈利的目标。目前，Udemy 课程内容涵盖科技、商务、设计、艺术、生活等多个方面，课程数量已达 12000 个，包括英语、法语、西班牙语、汉语等 10 种语言。目前学习者来自全球 190 多个国家和地区，超过 200 万人。

（一）课程内容

Udemy 要求所发布的课程符合质量标准。一个典型的 Udemy 课程持续 1～3 小时，至少保证 30 分钟的课程内容并且其中 60% 为视频内容；课程必须很好地安排以达到学习目标；音频应该清晰和易于理解；视频应该画面明亮，并具高清晰度。Udemy 会根据学员所在的地理位置，为所学课程提供其母语字幕。

（二）运作模式

Udemy 鼓励用户利用该网站上免费的工具和应用进行在线教与学。用户可以开设自己的在线课程，也可以搜索他人开设或上传的课程进行学习。用户开设的课程可以是免费的，也可以是收费的。Udemy 将课程的销售收入按 3∶7 分配，七成分给课程制作者，Udemy 获得三成。这种运作模式与苹果的应用软件店类似。

Udemy 的联合创始人埃伦·巴里称，很多授课者都希望网站能够提供更好的营销和推广服务。Udemy 允许教师通过优惠券的形式给学生提供课程折扣，或者将他们的教学内容发布到 Udemy 的推广合作项目中。Udemy 鼓励用户通过 Udemy 的课程分享按钮将课程分享给社交网络上的朋友，同时也鼓励开设两门课程以上的教师在自己的一门课的界面上为自己的另一门或几门课做广告。

（三）课程发布平台

Udemy 允许每个用户开发并创建自己的课程，并提供面向教师的课程发布平台，以帮助教师更好地创建并推广自己的课程。这个发布平台包括一个结构化课程内容的课程编辑器和一套帮助教师管理、推广课程的工具。

（四）移动支持

Udemy 是较早在移动设备上推出客户端的在线教育平台。2012 年，Udemy 首先推出了 iPad 版客户端，为学习者提供随时随地的移动学习支持，目前已提供了 Android 平台和 iOS 平台下的移动客户端。

五、其他平台

除了上述平台外，其他主要的慕课平台还有：

（一）Miriada X

Miriada X 是由西班牙建立，联合了拉丁美洲多个国家的慕课平台。该平台由 Universia 支持，以西班牙语为传播手段，与拉丁美洲高校的合作为基准，覆盖了多所大学校园。由西班牙电话公司 Teletfonica 提供技术支持。它目前已经包括了 23 个国家的 1232 所高校及 900 万名用户。

（二）法国数字大学（FUN）

2013 年 10 月 2 日，法国高等教育与科研部部长热纳维埃夫·菲奥拉佐（Genevieve Fioraso）宣布法国启动数字化校园项目——"法国数字大学"（France Universite Numerique，FUN），开启国家级在线教育战略。在启动会议上，Fioraso 提出了未来 5 年法国高等教育的三大规划：18 项数字举措、一个旗舰培训项目、法国第一个慕课平台。2014 年 1 月 16 日，首批课程在数字大学慕课平台上线。

（三）OpenupEd

在欧洲远程教育大学协会（European Association of Distance Teaching Universities，EADTU）组织下，欧洲成立了由 17 个国家共同参与的 OpenupEd 课程平台，于 2013 年 4 月 25 日正式上线。OpenupEd 更像是一个慕课列表，提供了欧洲、阿拉伯等国家和地区的大学的近 170 门课程，课程建立在开课大学自己的网站上。

作为第一个欧洲慕课计划，该计划得到了欧洲委员会的支持。欧洲的多元语言和文化特色，以及低市场化导向的高等教育模式，或许会使欧洲形成一种与美国不同的慕课发展形态。

（四）CourseSites

CourseSites 是课程管理系统领域领先的 Blackboard 公司推出的慕课平台，依托 Blackboard 的技术系统和用户群，为学习者和教师提供开放课程

学习和开发支持。目前已经有 159 个国家的 12573 个高校或组织的 74200
位教育者加入了 CourseSites，使用 CourseSites 创建免费的开放在线课程。

（五）MOOC.org

谷歌于 2013 年 9 月 10 日宣布，正在和 edX 共同建立一个新的教育网
站 MOOC.org，为教育者创造自己的在线课程提供方便的工具与平台，允许
任何学术组织、企业、个人开设与主持在线课程，以便让更多自创作的教
育内容向大众开放。MOOC.org 的定位为：让所有人都能自行创立课程，用
户既是学习者也是施教者，由谷歌给予云端服务和网络的技术支持，而 edX
提供内容方面的管理和营运。

（六）Veduca

巴西的 Veduca 是拉丁美洲地区首个慕课平台。Veduca 提供圣保罗大学
等拉丁美洲当地知名学府的教学视频，并提供配备葡萄牙语字幕的美国哈
佛大学、哥伦比亚大学等世界知名高等学府的慕课，以方便当地受众学习。

（七）JMOOC

日本于 2013 年 10 月成立了日本在线教育推进协会（Japan Open Online
Education Promotion Council），推动日本的在线教育发展，并推出日本慕
课平台 JMOOC，首批课程于 2014 年 4 月开课。

JMOOC 的基本目标是：

（1）通过解决技术和体制相关问题，使通过慕课完成学习的学生获得
社会认可的认证。

（2）积极推进高等教育机构专业知识传授和企业组织培训领域知识培
训，创建可持续化发展的学习社会。

（3）为有意在日本或东南亚国家联盟学习或工作的学习者提供有效的
学习机会，提供新的慕课内容。

（4）促进翻转学习，推动学校教学方法改革。

（5）构建促进慕课使用的学习平台，推动基于慕课教学的学习支持技术研究。

（八）Edraak

2014 年 5 月 19 日，阿拉伯慕课平台 Edraak 正式上线，旨在向世界各
地数百万的阿拉伯学生以及学术团体提供世界一流的教育。Edraak 慕课平
台由拉尼娅王后教育发展基金会（Queen Rania Foundation for Education and
Development）支持开发，同时它也得到了免费在线开放课程 edX 的支持。

一方面，该平台不仅有正规的阿拉伯语课程，也提供来自各个领域的从业人员、专家等授课的短期培训课程；另一方面，Edraak 满足了企业在线培训和评估当前以及潜在员工的需求，为企业在该地区搜罗人才提供了良好机会。此外，阿拉伯的专家学者也能利用 Edraak 平台发布有关本地区文化历史的英语课程，向全世界关心阿拉伯地区发展的用户提供服务。

第三节　慕课在中国的发展

一、高等院校

慕课最初发端于世界一流的高等院校，也最先引起世界各个国家高等院校的关注和争论，在中国也是如此。早在 2010 年前后，就有不少大学开始密切关注慕课的发展。

2013 年 5 月 21 日，清华大学宣布加入 edX。同年 8 月 10 日，作为中国大陆地区首个高等院校，清华大学率先在 edX 开放两门在线课程："电路原理"和"中国建筑史"。在加入 edX 的同时，清华大学于 2013 年 6 月开始整合校内力量与资源，组建团队打造基于 edX 开源代码的中文平台，10 月 10 日，"学堂在线"正式发布，面向全球提供在线课程。清华大学的"电路原理""中国建筑史"等五门课程，麻省理工学院的"电路原理"课程，北京大学的"计算机辅助翻译原理与实践"课程，作为第一批上线课程在平台开放选课。此外，还有两门清华大学的校内课程"C++程序设计"和"云计算与软件工程"，已经采用该平台进行混合式教学，让学生在课前先通过视频进行充分预习，以便于教师在课上将更多的精力用于启发式教学。

2013 年 3 月，北京大学发布《北京大学关于积极推进网络开放课程建设的意见》，致力于推进网络开放课程建设。2013 年 5 月 21 日，北京大学和清华大学同时加入 edX，9 月 23 日，北京大学首批四门课程"20 世纪西方音乐""民俗学""电子线路"和"世界文化地理"在 edX 平台对全球用户开课。9 月 8 日，北京大学与 Coursera 签订协议，正式加入 Coursera，并于 9 月 30 日在 Coursera 平台上首期发布三门课程。

2013 年 7 月 8 日，上海交通大学与复旦大学宣布加入 Coursera 联盟，成为加盟 Coursera 的首批中国内地高校。2013 年 12 月 1 日，上海交通大学首批两门课程"数学之旅"和"中医药与中华传统文化"在 Coursera 上线。2014 年 4 月 1 日，复旦大学首门课程"大数据与信息传播"在 Coursera 上线。

2014 年 4 月 8 日，由上海交通大学自主研发的中文慕课平台"好大学在线"（www.cnmooc.org）正式发布。上海交通大学和台湾交通大学的"中医药与中华传统文化""法与社会""粒子世界探秘""孙子兵法与企业经营"等 8 门课程率先上线。未来，来自北京大学、香港科技大学等知名大学的课程将陆续推出。

香港科技大学的努巴哈夫·沙里夫（Naubahar Shard）教授于 2013 年 4 月在 Coursera 上开设的"科学、技术与社会在中国"（Science Technology,and Society in China）是亚洲的第一门慕课。2013 年 5 月 21 日，香港大学和香港科技大学与清华大学、北京大学同时加盟 edX。香港中文大学于 2013 年 9 月开始在 Coursera 上开设课程，第一门课程为"人民币在国际货币系统中的角色"（The Role of the Renminbi in the International Monetary System）。

2013 年 2 月 21 日，台湾大学加盟 Coursera，8 月 31 日推出其首批慕课"中国古代历史与人物——秦始皇"和"概率"，这也是全球首批用中文授课的慕课。

当然，更多的大学则采取了观望的态度。这些大学的管理者不确定慕课究竟与以往的在线课程有什么不同，也不确定慕课会对高等教育产生怎样的影响，因此较为保守。

但是，随着慕课的发展，越来越多的大学开始思考如何利用慕课提升自己的人才培养质量，或者说将慕课用于大学校内的课程与教学改革。一些政府机构和社会团体开始积极推动，试图借助慕课实现高等教育资源的公平与均衡发展。其中，大学课程联盟就进行了积极探索和大胆尝试。

二、高等院校课程联盟

随着慕课的发展，多所高校开始联合探索中国式慕课发展之路，在教育主管部门的指导下，自愿结成非营利性、开放性的课程联盟。高等院校课程联盟通过建立基于网络视频的混合教学模式，形成优质课程市场化共享机制。实现优质教学资源的广泛共享，弥补高校优质课程与师资力量的不足，推动其从传统教学方式向现代化教学方式转变。

（一）上海高校课程中心

上海高校课程中心是由上海市教委为实现上海各高校课程、专业、师生资源共享而建立的一个大型在线教学平台，于 2012 年 12 月建成并进行跨校选课。其目的是在充分整合上海各高校优质教学资源的基础上，在全市建立长期而可持续的跨校课程资源共享机制，为上海各高校的学生提供跨校选课、学分互换、专业辅修等学习支持。目前，已有复旦大学、上海交通大学、同济大学等 30 所上海高校加入联盟。30 所高校推荐并通过质量管理委员会优选了一些通识课程，经过确定授课模式和精心筹备，推出课程后供学生自由选择。上海高校课程中心通过在线进阶式学习、见面课直播互动、小组讨论等多种形式展开教学，并实现各联盟学校学分互认。2012年，首批课程 7 门对外开放选课，选课人数超过 3000 人次，其中选课人数最多的一门课程"哲学导论"超过 1000 人。

（二）东西部高校课程共享联盟

中国东西部高校课程共享联盟于 2013 年 4 月在重庆大学正式成立。该联盟由重庆大学发起，联盟成员包括中国人民大学、北京航空航天大学、北京理工大学、哈尔滨工业大学、复旦大学、上海交通大学、四川大学、重庆大学、兰州大学等高校。联盟的目标是为推动我国高校从传统教学方式向现代化教学方式的转变。建设优质视频网络课程，建立基于网络视频的混合教学模式，形成优质课程市场化共享机制，从而实现优质教学资源的广泛共享，弥补优质课程与师资力量的不足。东西部高校课程共享联盟有助于解决各高校校内选课不足的问题，借助跨学校、跨区域、跨文化的教育教学，培养更多专业能力和创造力较强、具有国际视野的高水平人才。

（三）华东师范大学慕课中心

北京大学、清华大学、复旦大学以及华东师范大学等高校是国内几所对慕课率先做出反应的高等院校。其中，华东师范大学于 2013 年 9 月成立了一个专门组织——华东师范大学慕课中心。它是一个以研究与开发基础教育、教师教育慕课，并推动慕课在各领域高质量地得以实施的学术性组织。

华东师范大学慕课中心将借助大学的学术优势，联合全国高等师范院校与知名中小学，开发高质量在线课程，使优质教育资源为全社会共享；积极探索个别化、自主性与互动式的人才培养模式，提高人才培养质量，推动我国基础教育与教师教育的改革与发展。

华东师范大学慕课研究中心在陈玉琨教授的带领下，积极推动面向基础教育的慕课建设，联合国内 20 多所著名中学，成立了慕课 C20 联盟，开展相关的培训、研究和推广工作，并取得了令人瞩目的成绩。

（四）学堂在线

学堂在线是清华大学基于 edX 开放源代码研发的慕课平台，面向全球提供在线课程。

学堂在线平台初步完成了平台国际化与中文本地化，开发了不依赖 YouTube 的 HTML5 视频播放器。建立了系统性的测试框架，实现了平台全文搜索功能及计算机程序的自动测评，并部分完成了可视化公式编辑器、手写汉字与公式识别、用户学习行为分析模块以及移动设备的课程学习应用。

学堂在线陆续完成了清华大学、北京大学、麻省理工学院等著名高校提供的课程上线开放工作。清华大学还将基于学堂在线，探索线上和线下"混合学习"模式。"学堂在线"平台的合作伙伴包括北京大学、浙江大学、南京大学、上海交通大学等部分 G9 联盟高校。

清华大学大规模在线教育研究中心主任孙茂松表示，"学堂在线"的未来发展方向将包括基于学习大数据的个性化服务、基于社交网络的互动交流、智能问答系统、作文自动评分系统、虚拟实验室、移动客户端等。

（五）ewant

ewant 是由海峡两岸五所交通大学（包括上海交通大学、西安交通大学、西南交通大学、北京交通大学及台湾交通大学）共同合作发起、以全球华人为主要服务对象的开放教育平台，为所有想要学习的华人提供免费的课程及学习资源，ewant 平台提供完整的在线教育模式，经过教学互动及学习评量等运作机制，最终可以提供课程修课通过证明；同时，它也将与企业界合作，通过 ewant 平台协助企业进行教育训练及征选所需人才。ewant 平台以社会企业的精神经营及推动，获得的所有盈余将全部再投入对 ewant 平台及开放教育的推动中。

（六）UST MOOCs

中国台湾联合大学系统（University System of Taiwan，UST，简称台联大）由中国台湾的"清华大学""中央大学""交通大学""阳明大学"组成。四校携手合作，整合四校资源，建立了台联大云端经典课程（UST MOOCs）。UST MOOCs 提供了在线学习和交流平台，通过者可以拿到台联大四校的认证证书。

三、企业

随着慕课的迅猛发展，不仅高等教育和政府机构对其表现出浓厚的兴趣和极大的热情，不少企业也纷纷投入人力、物力，积极推动慕课的发展。这些企业中绝大多数是互联网企业，或者说本身就是专门从事在线教育的互联网企业。它们一方面预见到了慕课所带来的商业上的可能性；另一方面也试图以此为契机，推动和发展慕课，从而间接地为企业发展创造条件。

网易、优酷网、果壳网、译言网等企业和非营利性组织，都积极投身其中。特别是果壳网和译言网，积极参与 Coursera 的课程中译计划，推动慕课在中国的发展。

（一）网易

网易公开课作为国内最早加入"国际开放课程联盟"（OCWC）的在线教育产品，自 2010 年上线以来，坚持公益和开放的理念，不断吸纳优质课程资源并扩展产品服务范围，率先在国内推出"国际名校公开课"并先后与高等教育出版社、TED、可汗学院、BBC 等知名机构合作，使其涵盖的知识结构更加完整。2013 年 10 月 8 日，网易公开课宣布正式与 Coursera 展开全面合作，以更好地将全世界的优质课程推送给中国广大的公开课爱好者。

双方合作的第一阶段主要体现在两个方面：网易为 Coursera 提供视频托管服务和在网易公开课域内开设 Coursera 官方中文学习社区。通过视频托管，中国用户可以直接从网易读取 Coursera 网站的大部分视频内容，而不再需要到境外的网站读取，解决了播放延时问题，大大提升了视频播放的体验。网易公开课专门开辟的 Coursera 官方中文学习社区则可以让中文学习者消除语言障碍，提升相互之间的协作和互动。在专区内，不仅有 Coursera 优质课程介绍，还有授课老师专门为中文学习者录制的视频，以及全球学习者提供的精彩课评。网易公开课还邀请了授课老师或助教入驻社区，直接参与讨论。

网易创始人兼首席执行官丁磊这样表示："作为一家互联网公司。网易一直以开放、共享、协作的精神，积极探索在线教育领域。我们希望通过与 Coursera 的合作，全面提升中文用户的学习体验，也将更多世界顶级的课程内容推送给中国用户。"

"无论你身在何处，使用何种语言，为所有人提供优质教育类资源是我们的核心使命。" Coursera 联合创始人及联合首席执行官吴恩达（Andrew Ng）表示："网易具有非常优质的技术平台，同时在教育领域拥有很好的市场经验及用户基础，是 Coursera 非常重视的合作伙伴。相信双方的合作能够帮助广大中国学员接触和了解到 Coursera 丰富的在线教育资源，并从 Coursera 的服务中获得学习的益处。"

2014 年 5 月 8 日，爱课程与网易联袂打造的"中国大学 MOOC"平台正式上线，全国高校均可通过此平台进行慕课建设和应用。

（二）优酷

2013 年 6 月，优酷与 Udacity 达成独家官方合作，成为国内 Udacity 课程发布渠道平台。优酷教育频道现已上线包括统计学入门、创业入门、计算机入门等在内的数十种类别、近千集翻译成中文的 Udacity 最新在线视频课程。

除了优酷之外，也有其他一些企业对慕课表现出浓厚的兴趣，特别是一些企业大学，如用友学院。

（三）果壳网

果壳网是一个开放、多元的泛科技兴趣社区，提供科学、有趣的科技主题内容。MOOC 学院是果壳网旗下的一个讨论慕课（MOOC）的学习社区。MOOC 学院对自身的定位是："讨论、点评和记录课程，而不是直接在 MOOC 学院上课，课程是属于其他平台的，我们专注于帮助学习者互相交流。发现课程。"

MOOC 学院收录了主流课程平台，包括 Coursera、Udacity、edX、FUN、iVersity、Future 等开设的课程，并将大部分课程的课程简介翻译成中文。用户可以在 MOOC 学院为学习过的课程点评打分，在学习的过程中可以与同学讨论课程问题，记录并共享课程笔记。

同时，果壳网还成立了"果壳教育无边界字幕组"，旨在打破教育的边界，让语言不再成为学习的阻碍，并和译言网一起加入 Coursera 全球翻译合作项目。

果壳网一直致力于推动知识分享。2013 年 10 月。果壳网发起了针对 MOOC 中国用户的大规模问卷调查；2013 年 11 月 8 日，果壳网召开了第二届"知识青年烩"，主题是"华语世界的 MOOC 学习"，邀请了数百名老师和学习者，共同讨论如何完善慕课的教与学。

（四）译言网

译言网是一个由海外留学归国人员组建的非营利组织，创立于 2007 年，是中国最大的网络翻译社区，也是汉语使用者了解国际新闻和获取电子读物的门户之一。2013 年 8 月 17 日，译言网加入了 Coursera 全球翻译伙伴计划。

第四节　正确认识 MOOC

"中国大学 MOOC"项目的启动，首批上线的 56 门课程，全部来自北京大学、浙江大学、中国科技大学、复旦大学等 16 所知名大学，这也引起了社会各界的广泛关注。据不完全统计，已经有超过 120 所高校先后实施了 MOOC 建设项目，几乎所有的"985"高校都参与其中，"学堂在线""好大学在线"等 MOOC 平台已经正式投入使用。MOOC 正以一种前所未有的方式对高等教育形态产生越来越大的影响。人们期望，MOOC 能够对传统大学的组织形式和教学模式产生革命性影响，并最终实现人人都能享受一流高等教育的梦想。但是，与轰轰烈烈的实践相比，MOOC 的相关研究尚不深入，还存在一些认识上的误区，这些都是亟待解决的现实问题。

一、网络"高辍学率"是不是 MOOC 的致命伤

宾夕法尼亚大学教育研究生院针对 100 万名 MOOC 用户进行了调查。结果显示，只有 4% 的学习者完成了全部课程，大约一半学习者只听过一堂课。该结果一经发布，立即引起广泛关注。在线教育的高辍学率很快就被认定为 MOOC 的"阿喀琉斯之踝"，并逐渐演变成为一种影响颇广的"科学论断"。但是，认真思考就会发现，在线教育的辍学率与传统教育的辍学率不是同一概念。

在传统教育中，辍学往往意味着学生丧失了学习的全部机会。但在网络教育中，很多学生的学习是碎片化的、非连续性的，如果这部分内容是学生已经掌握的，他们就会主动放弃，并选择适合自己水平的新的学习内容。所以，这种"辍学"更多是学生主动意识的体现。在网络学习中，学生掌握着学习过程的全部权利，学生可以自己安排学习进度，选择学习内容，学生是学习的真正主人。这与传统教学有着本质区别。在现实课堂中，

学生即便对教师讲授的内容毫无兴趣，他们也很难逃离学习现场，最多只能通过上课睡觉、玩手机、打游戏等消极行为进行反抗。实际上，上述调查中4%的完成率往往意味着这部分学生是全程深度参与课程学习的。而在传统课堂中，如果排除"身在曹营心在汉"的学生，在一门课程教学中能够持续地深度参与学习的学生比率能否真正超过4%，恐怕很难做出判断。

此外，在线教育的受众数量是传统教育的成千上万倍，这也导致在计算辍学率时容易得出一个极低的数值。无论如何，在线教育的高辍学率都不应成为反对MOOC的借口或托词。但不容置疑的是，这种高辍学率仍然是一个值得深入研究的大问题，高校如何利用网络更好地进行教学，真正提高学生在网络学习中的参与程度，将会成为影响MOOC健康发展的关键因素之一。

二、传统大学消亡会不会因为 MOOC 而发生

一些在线教育的拥趸者认为，MOOC将会打破传统大学的"围墙"，任何人都可以在任何时间、任何地点通过网络来"进入课堂"，享受全球最好的教学服务。2014年4月，上海交通大学研发的MOOC平台"好大学在线"正式上线，面向全球提供中文在线课。上海的19所高校还签订了MOOC共建共享合作协议，建立学分互认机制，学生不出校门，就能跨校修读外校优质课程，并获得学分。这更进一步提升了人们的预期，并使"MOOC将导致传统大学的消亡"观点甚嚣尘上，获得了更多人的接受和认可。

毫无疑问，MOOC对于传统高等教育转型具有重要的价值，但它是否会成为导致传统大学消亡的直接原因，至少目前还看不出任何端倪。教育家梅贻琦说："大学之大，乃大师之大，非大楼之大。"进一步讲，大师之大不是指大师的盛名，而是指大师的思想和品德。以文化人、以德育人，这是大学精神的核心，也是大学存在的价值体现。MOOC可以轻易将显性知识以数字化的形式传递给成千上万名学生，但是，将隐性文化原汁原味地呈现给学生，并对学生的情感发展产生影响，将是一件难以完成的任务。

众所周知，课程包括显性课程和隐性课程两种。其中，隐性课程指学生在学校情景中无意识地获得经验、价值观、理想等意识形态内容和文化影响。在信息技术的支撑下，明确的、事先编制的显性课程可以较完整地转化为在线课程。但是，如何将那些非预期的、潜在性的隐性课程转化为

MOOC 仍然是一个未解的难题。毫无疑问，大学培养人才，不仅要注重知识和技能的学习，更要重视情感、态度和价值观的渗透，最终落实到健全人格的养成。这些方面的培养显然不是靠一两门课程就能完成的，它往往需要长时间的榜样引领和文化濡染，脱离大学的真实情景将很难完成。所以，MOOC 导致大学消亡至少在较短时间内不会成为现实。

三、大干快上 MOOC 一哄而上有何不妥

随着 MOOC 的快速发展，很多高校近期都陆续启动了雄心勃勃的MOOC 建设计划。目前，北京大学、清华大学、上海交通大学等高校因为起步早、动作快，已经形成了较强的领先优势。而那些刚刚开始筹建 MOOC的高校受形势所迫，不断加大资金投入力度，组织庞大的研发团队，试图尽快登上"最后一班车"。于是，"大干快上"几乎成为当前国内 MOOC建设的一种常态。

纵览我国教育信息化的发展历程就会发现，数字教育资源建设一不小心就会陷入重复建设的怪圈。比如，一些学校前些年建成的网络精品课程大多是孤立的、重复的、无法及时更新的，最终变成了一个又一个的"信息孤岛"。MOOC 作为一种新型的在线课程，也依然面临类似挑战。在现有的本科高校中，有相当比例的学校属于综合性大学，学校之间的专业设置和课程计划有较高程度的交叉。可是，对于任何一门学科，在理想情况下，我们都只需要一个最好的在线课程就足够了，其他学校的学生在网上选修这门课程就可以了，这样就能极大地降低边际成本，实现 MOOC 的规模效益。如果每一所高校都针对每门学科建设一门在线课程，不仅会导致教育资源的大量浪费，而且会影响 MOOC 的整体质量。所以，MOOC 建设一定要避免运动式的"大干快上"，盲目追求高速度、大数量，这对于 MOOC的发展将会产生致命性的打击。"一哄而上"很可能会变成"一哄而散"。

从根本上讲，MOOC 建设与高校特色发展联系密切。如果高校发展只是追求建设千篇一律的"综合型"，将会导致严重的低水平重复。每一所高校都应根据自身情况，不断优化内涵，办出个性特色，形成差别化的发展优势，这样才能营造出良性发展的教育生态。MOOC 建设也是一样，与其一味地追求 MOOC 热潮，倒不如静下心来思考学校的特色发展。如果能把这个问题先想清楚了，那么，建成高质量的特色 MOOC 就是一件水到渠

成的事情了。

　　总之，MOOC 的发展是飞速的，甚至是超乎想象的，人们的思考几乎无法跟得上实践的脚步，这也导致当前研究中存在一些认识的误区。面对未来，我们必须保持清醒的头脑，对发展中出现的新问题和新特点进行客观理性的分析，既要"低头拉车"，又要"抬头看路"，积极稳妥地推动 MOOC 建设，促进信息技术与高等教育的深度融合，努力为学习者提供最优质的在线课程和个性化的学习服务。

第三章　慕课的主要特征

我们把组成慕课的四个单词："massive""open""online""course"所指代的意思分别做了大略的解读，中心词"course"指出了慕课是一种课程模式，所以有必要对这种课程模式的特征进行分析。同时，"course"一词前面有三个修饰限定的形容词，则分别概括了慕课最重要的、区别于传统线下课程模式的三个特征：大规模特征、开放性特征以及使前两者成为可能的网络环境特征。在第三章，笔者将从两部分出发，分别论述慕课的主要特征：一是在网络环境中慕课体现的大规模以及开放性特征；二是在这样的巨型开放规模下，它整个动态的课程与教学过程的特征。

第一节　慕课在网络环境中体现的特征

国家开放大学的授课教师韩艳辉认为："如果从两个维度上看慕课，那么可能一个维度就是聚焦于规模，另一个维度是聚焦于社区和联系。"这两个维度，前者当然体现了慕课的大规模特征，后者则侧重于说明慕课的开放性以及由开放而形成的社区联系特征。

一、大规模性

慕课的大规模首先体现在课程的参加人数上。单从 Coursera 一个平台来看，到 2014 年年底，它的在线注册人数已经超过 1000 万，并且这个数字还在不断增加中。从具体某一门课程的参加人数来看，最初 MITx（edX 前身）开设的"电路与电子学"（6.002x：Circuits and Electronics）从 2012 年 5 月到当年的 8 月的 14 周时间里，共有 15.5 万学习者注册加入，且最终超过 7000 名学习者完成课程获得了课程结业证书；同时很火热的还有斯坦福大学的"人工智能"课，16 万来自全球 190 多国家和地区的在线注册人数不可谓不庞大，最终完成学习的人数是 2.3 万。较之传统课堂的只有几十人的学习人数和结业人数，都显示了慕课"规模"之大，受众之广。"人工智能"课的授课教师特龙提到："这门在线课所影响的学生数超过他 20 年来课堂教学的总和。"除了那些已经造成轰动的已完结课程，现在很多慕课平台的新加入课程的参与人数也动辄上千上万，这是传统课程所无法比拟的。

其次，慕课的"大规模"，也体现在慕课平台上有大量可供选择的、涵盖几乎全部学科领域的网络课程上。到 2014 年底，全球最大的网络课程联盟 Coursera 共上线了涉及 25 个学科的近 900 门课程，其中比较多的课程出现在人文、经济金融、商业管理、信息技术、社会以及教育等领域。侧重基础教育的"可汗学院"目前在 YouTube 上有超过 4000 多个教学影像供人们免费观看，内容也不仅仅是几何、代数、物理、化学、历史等 K-12 课程，而是涉及医学、金融经济、计算机科学等诸多学科。当然，这些课程的授课语言并不全部都是英语而是多语种授课，其中以中文、法语、西班牙语等授课的课程受到相当部分学习者的追捧。同时，为了更好的接受不同文化的知识，各个慕课平台都组建有学员们自己的翻译组和字幕组，使得其他不懂外语学习者的慕课学习不再局限于以自己母语授课的部分课程，学习内容也随之增加了。而且，随着越来越多的学习者加入，他们的学习意愿和学习过程都以数据的形式被记录了下来，形成慕课学习的大数据，这些大数据可以帮助教师更好地选择和设计有效的课程与教学，促使慕课的学习的内容更为多元，几乎包罗万象。

除了以上两点可以体现慕课的大规模，慕课各个平台的合作伙伴中各研究机构以及世界级名校的数量，也足以担当"大规模"的名号。到目前为止，Coursera 已经有 118 个来自世界各地的高校和机构合作伙伴，edX 的合作机构与高校也已经超过 60 多家。清华大学、北京大学、韩国首尔国立大学、日本京都大学以及香港大学等亚洲高校都在名单之中。而且，随着慕课的不断完善，越来越多的学校会加入慕课平台已大势所趋。

值得一提的还有慕课背后的教师团队以及大量人力和资金的投入。因为慕课不再是三尺讲台上一位教师面对几十个学生的传统模式，它面对的是数以万计的网络自主学习者，它的课程设计与制作，以及课程投放之后的管理与维护等都不是一位教师所能驾驭得了的。所以一门慕课课程从开始准备到结课评估，都需要一个完整教学团队的分工协作，共同努力。以

MITx 的"电子与电路学"课程为例，它的团队一共包括 21 人，其中，负责讲座、作业、实验室和辅导的有 4 位指导教授，同时还有助教、开发人员、实验室助理等协助人员 17 人。制作一门上线使用的慕课课程，较之传统授课，需要教师团队更久的准备时间。他们要选择教学素材，设计教学与活动、进行视频拍摄等。在课程进行中，也要不间断监控学生学习进程，及时给予反馈和答疑。除了人力投入外，各个在线平台的资金投入也是"大规模"的：可汗学院作为一个非盈利的免费在线学习机构，每年约要用到 900 万美金来维持运行，其大多资金来源于捐赠；比尔·盖茨也在 edX 创立之初捐赠 100 万美金，赞助 edX 采用"翻转课堂"的形式为全世界的低收入家庭学生提供更多元的在线课程。此外，2012 年 Coursera 也正是获得了 Kleiner Perkins 1600 万美元种子投资才得以创立。

二、开放性

慕课的开放性很好地诠释了"有教无类"的思想。这种开放性其实也体现了慕课自出现时便一直强调的教育公平原则。慕课的开放性，可以说是贯穿了慕课学习的全过程。慕课自开始的理念便与教育开放与教育公平有关，它从学员免费注册到选择课程资源和学习讨论，以及之后的一系列线上线下的相关活动，都对所有注册者完全开放。而且得益于各大平台的高校合作者越来越多，跨学校、跨学科的学习以及高校间的学分互认也变为可能。

有人说教育的公平首先体现在学习机会的均等，而教育的开放，首先要做到的就是学习机会的开放。在慕课中，学习者无论在什么时间段、什么地区、有什么样的自身文化背景，只要处在互联网的环境中，都可以随时注册进入慕课平台，选择自己喜欢或者需要的课程开始学习。这种对学习者的全面开放，是慕课最基本的特征。

从现有的慕课平台数据上来看，注册的学习者来自世界的 190 多个国家和地区，地域分布相当广泛，虽然几个最大的慕课联盟来自于美国，美国的慕课生源却只占总生源数的三分之一。因为一些原因，没有办法从人种学角度统计学习者的民族成分，我们却可以从学习者的注册信息以及话题讨论中了解到他们的性别、年龄、学历和生活经历。从现有数据上看，学习者的性别比例差距不大，不过男性学习者相对更多一点；20 到 30 岁具有大学学历或者正在进行大学本科或者研究生学习的学习者占总体的大多数，但是也有很多初中、高中就加入慕课学习且取得成绩认证证书的学习者以及参加工作以后补课充电的各行各业人员。这种多样性还体现在学习者加入慕课的意愿动机上：有的学习者需要通过相关课程提升自己的专业水平，有的学习者是为了兴趣而学，也有一些参与者只是好奇跟从以满足自己的好奇心，还有的则是像游戏通关积攒勋章一样，为证书而学……正是慕课这种开放性，才吸引了处于不同年龄和社会层级、带有不同学习背景的学习者加入，也因为参加者的不同身份背景，使得慕课的许多学习讨论不局限于课程本身，进而成为一种文化的冲击与交流。

慕课的进入同样是开放的，准入门槛几乎没有。除了一部分需要一定专业理论知识做铺垫的深入解读课程，大多数课程初学者一进入便可以开始学习。同样的，它的教与学过程以及这一过程中使用的资源和工具也具有极大的开放性。慕课的每一节课都会有一个大致的时间范围限定，即一门课的开课时间是固定的几周或十几周，每一周课程组织者上传一节课的内容和作业，学习者可以在这一周内自主选择自己的时间安排，随时开始学习。这种时间上的开放极大地方便了学习者对自己的学习时间的规划。

而且，学习者的学习环境由学习者自己选择，这里的学习环境既指线上讨论小组或者交流平台的选择，又指现实中学习环境的选择。不同的学习者对同一材料的理解、关注点和疑问都会不同，讨论组的设立给予学习者交流答疑的平台。在平台中，所有参与者身份平等，提出问题和见解，互相交流讨论，即使是课程发起者也不会给定唯一答案或者固定答案，开放式的交流不会只限制在一个领域、一个角度。学习者可以通过讨论自主构建知识，也可以通过互动分享传播知识，使得知识更加延伸、开放。同时，在每个慕课讨论区或者讨论组，都有已经完结课程的相关资源和学习者分享的学习笔记，新加入的学习者或者错过该课程的学员可以二次使用这些资源进行补充学习，充分提高了网络课程资源的利用率。

第二节　慕课作为"线上课堂"所体现的特征

慕课是线上教育发展最新变化的主要成果之一。随着网络科技的发展和各种社交媒体的广泛应用，线上教育从最初的单纯提供相关课程材料、分享精品课程发展，到利用网络平台开展的、被看作"网络中的课堂"的慕课，很明显可以看出，研发者越来越重视给予学习者完整的教与学的体验。这也使得学习者在网络学习中除了获得优质的学习资源以外，还能得到专业教师以及更多的学习者的交流与反馈，并最终得到课业评价和认证。

一个慕课课程从开始到结束，并没有完全脱离已有的课程结构和教学过程的模式，几乎和线下传统课堂中一门课程从开始到结束的进程一致。所以，慕课与传统的线下课堂有天然的联系：慕课植根于传统课堂，教师、学习者、教学内容、教学环境等传统课堂具备的必要因素慕课一样具备。同时，慕课是传统课堂的补充形式，比如"可汗学院"中的相当一部分课程就是以 K-12 基础课程为主，按教学目标与教学大纲的要求设计而成，这些课程的主要作用就是帮助在传统课堂中未及时消化课程内容的学习者开展课后辅助学习。

同时，慕课与传统课堂最大的不同在于它运行的环境是互联网而不仅仅是封闭的教室。这决定了它要面对的参与者更多、规模更大。这些特点决定了慕课与传统课堂差异的存在：从最初的设计理念到对课程的设计制作，再到课堂教学以及学习管理、学习者反馈和学习评价，都体现了慕课与传统课堂教学过程的不同。

一、自我学习为主的课程教学理念

一个完整的课程教学设计一般包括四个基本要素：确定教学所要达到的预期目标（目标）；对相应的知识经验的选择（内容）；有效教学的组织（策略）；获得必要的教学反馈（评价）。它是整个教学活动的系统规划与决策，决定了整个教学过程的框架和走向。传统的线下课堂的课程教学设计一般离不开上面提到的四要素，这也决定了传统课程教学的"三大件"——以学时为单位的 45 分钟到 1 小时的知识讲授、课后作业以及考试缺一不可，这样的基本结构大多以教师为主导且已经长期稳定。即使在理论范畴内不断有新的教学思想、理念的更新换代，实际上的教学设计与组织、教学基本结构以及课堂活动等仍是基本不变。这样的课程教学设计大多以掌握知识、达到学习目标为前提，强调学习者在教师的引导下先教后练，最终达到知识的巩固。

慕课的课程教学设计在包含了完整四要素的前提下，更强调学习者的自主学习。它同样具有和传统线下课堂类似的"三大件"，即课程的讲座视频、嵌入式课程测试与评估以及师生互动和生生交流的论坛小组。因为慕课面对的是规模庞大的学习者群体，传统线下课堂都不能保证照顾到每一个在课堂中的学习者的学习进度，慕课更没办法做到讲授教师与学习者的"一对一"交流。但是，慕课志不在实现师生的"一对一"交流，而是为有志推广优质教育的学者和专家与有心学习却缺乏想要的教育资源的学习者搭建了一个平台，打开了双方交流的通途，引导学习者按自己的步骤学习。所以，在整个学习的进程中，学习者的自我管理和自我监督将起到督促完成学习任务的最主要作用。因此除了与线下课堂一样要重视课程教学质量问题外，慕课的课程教学设计还必须考虑到巨大规模的学习者的不同学习背景问题，要最大限度地满足不同背景的学习者的需求，利用优质的学习资源引导学习者完成自我学习。

同样的，在慕课面对庞大的学习群体的同时，学习者也将会面对可以选择的、具有不同专业性质的海量慕课课程。这无形中造成相同慕课课程的同行竞争，而这种竞争在传统的线下课堂中是不存在的，传统课堂的教师只要按照教学大纲目标在熟悉的学生中间完成每堂课即可。所以，对于慕课课程教学设计者来说，利用新鲜有趣的内容吸引学习者的注意力，利用教师魅力和课程内容的硬实力留住学习者，进而形成课程的固定"粉丝"，都是一门课程经受考验、生存下去的关键。

二、短小精确的课程内容选择与组织

传统线下课程以一定的课程标准和反映系统学科内容的教材为蓝本，并配备相应的教师用书与练习册作为辅助。按照不同的授课形式，可以分为以学习各专业领域理论与发展为主的分科课程和以进行实践活动或者实验等为主的活动课程。一般传统的线下课程都是由国家统一编制实行的，具有权威性和强制性，也有部分地区以自己区域特性为出发点制作一些地方课程作为主体课程的补充。但是，不管是学科课程或者活动课程，还是国家课程或者地方课程，它们的制作都以知识的逻辑性、系统性和学习者的成长为内在要求。课程内容的选择都以教材为主，教师没有办法改变教材的内容，需要按照大纲和教材的要求完成授课。

相较于传统课堂的教师，慕课的设计者与讲授者对课程的内容有更大的选择权，他们可以从自己的专业角度出发，将自己擅长领域的内容进行整合，形成具有专业性也可能具有跨学科性质的课程内容。陈肖庚认为，慕课在课程的内容上强调重组（Remix）。各学科、专业领域的专家、教师可以将先行编制的多样化的网络课程和教学资源上传到慕课平台。这些设计之初未必相互关联的学习资料可以单独作为学习单元，也可以按照一定的逻辑、意义、目的进行重新整合，聚集成为具有不同学习目标的学习单元集，实现课程资源的再利用。即使课程设计者和讲授者并没有运用已有的网络课程资源，而是选择新的课程内容或者讲授者线下课堂中的内容进行慕课的课程教学设计，它也与平时的线下课堂的讲授大相径庭。因为慕课的讲课视频大多只有 10 多分钟，每次课都是由几个短小的课程视频和相关学习资料作为主要的内容向学习者呈现。这种视频组合的方式打乱了传统线下课堂 40 到 45 分钟的授课节奏。因此，它的课程内容的呈现方式必定不同于传统的"满堂灌"式呈现方式。所以，在课程内容的选择上，课程设计者和讲授者必须挑选更具有普适性也更简单易懂的内容来制作讲座视频。同样的，课程的制作也要考虑到上述方面，要注重各种教学方法和教学媒体的合理使用，使课程内容的编排在讲授清楚的同时，增加趣味性和实用性，使更广泛的人群得以接受。

一门高质量的慕课从设计到制作完成需要几个月的时间做准备，具体的实施步骤如下：

（1）编写课程材料，选择课程内容，然后将之切分为约 2 小时长（相当于一周课程的量）的几部分，再将每一部分切分为 10 多分钟左右的小节，方便后续的课程视频录制。

（2）录制讲座视频并编辑（一般一个讲座视频需要录制几遍，经过编辑之后才能使用）。

（3）按照具体的慕课平台要求按时上传课程资源，主要包括讲座视频和附带的学习阅读资料或者 PPT 课件。

（4）为讲座视频创建嵌入式测验，一般一节视频嵌入 1 到 2 个程序性问题。

课程会在开始前一个月左右进入慕课平台供学习者选择，这期间公开的课程介绍和宣传视频可以帮助学习者了解课程的基本状况以及授课教师，同时，教师要在平台编制课程评价的内容并开始进入管理系统，会话小组和论坛等交流区域也随之开放。

三、民主平等的师生互动与教学管理

传统线下课堂的师生互动大多发生在课堂上，是课堂中教师行为的一种。教师一般利用一定的课堂教学策略引导这种互动。在以讲授为主要活动的课堂中，进行问答、讨论等课堂互动可以更好地促进学生的课堂学习。在教育学中，教师的课堂行为分为主教行为、助教行为和管理行为三种。

（1）主教行为是教师在课堂上主要的行为，主要包括教师在课堂中的语言、文字、图像、动作等的呈现、阅读、活动、练习等的指导行为以及与学生问答、讨论和对话等交互行为。师生互动在课堂中占有很重要的地位。

（2）助教行为更多是为了激发和培养学生的学习动机，从而产生更好的教学效果。比如进行有效的课堂交流，表达教师对学生的期望以及采用一定的技术手段强化课堂等。助教行为大多发生在具体的以学生或者具体的教学情境为定向的课堂环境中。

（3）管理行为在传统线下课堂一般表现为课堂规则的制定与实施，同时还包括对学生课堂行为的纠正以及对课堂时间的控制。良好的课堂管理是教学顺利进行的条件。

在慕课中，上述的三种教师行为都有所体现，只不过无论是教师与学生的互动还是有效的教学管理都不像传统线下课堂一样同步进行。慕课一般一周会进行一次课程量的放送，教师在开始课程之前就会把做好的课程计划通知给所有想要加入课程的学习者，并规定好每节课作业递交的截止时间。在每一节课开始后到下一节新课上传为止的规定时间内，学习者需要自己把握时间完成对讲座视频和学习资料的学习，无论是学习的时间安排还是地点的选择，学习者都能做到自主参与、自我选择。从这一点说，慕课的学习需要学习者在学习中能够自我学习和自我管理。*Open Learning Cultures，a Guide to Quality，Evaluation，and Assessment for Future Learning* 一书的编者埃勒斯十分推崇这种学习方式，他认为，"从教育学上说，慕课的学习方式就是种自我管理的学习方式，是教育中最有趣的一种学习方式。"

在完成学习资料的学习后，学习者随时都能加入到平台的交流讨论区或者组建好的课程学习小组参与讨论。教师也会在固定的时间里浏览讨论区，对一些共同提出的问题进行答疑解惑。因为参与课程的人数是巨大的，

慕课讨论更多以生生互动为主。"课程讨论区是构成慕课教学过程的重要环节，用于师生之间、生生之间探讨课程内容、课后作业以及课程相关的延展问题。师生间、生生间的交流大部分依靠课程讨论区，因此讨论区的管理相当重要。"

整个师生、生生交互的过程中，教师不是一个人面对学习者，一般慕课课程的完成都是一整个教学团队的成果。一般而言，慕课团队的教师会实时关注讨论区的更新，他们也会根据每一周课程的要点内容，发出相应的讨论帖，召集感兴趣的学习者参与讨论，引导他们进行深入思考，进而巩固讲座视频中学习到的知识。同时，他们还会针对讨论区中学习者发帖提出的问题进行答疑归类，"对学习者提出的问题，如果其他学生给予详尽的解答，应予以肯定，对学生没能详尽解答的问题，教师定期整合这些问题，并进行专业的回复"。

从上面两点可以看出，在慕课的讨论区，学习者可以像在其他交流社区一样自由发言，平等交流，还能灵活运用学到的知识帮助有困扰的学习者解惑答疑。正是这种可以无限扩大的交互作用，使得慕课能够在世界各地的学习者中间传播，它的包容性与开放性最大程度上促进着知识的传播与扩散。

面对如此巨大的讨论人群，课程讨论区的管理工作并不轻松，这项工作一般由教师团队主导。他们也会从讨论区的活跃学习者中招聘有能力、有余力的学习者加入管理团队，对每天的讨论区的帖子按规定的分类进行删除或整合，保证讨论环境的健康有序。除了对讨论区的管理，慕课教师团队的管理任务还有对每个注册的学习者发送开课的邮件提醒、作业截止日期提醒等一系列人性化的监督管理服务。

相比较传统线下课堂面对面的教学管理，慕课的教学管理的主动性要差一些，更多还是要依靠学习者自我管理自我监督才能顺利完成，这也一定程度上造成了目前慕课居高不下的参加者退出率的问题。因此，如何使学习者养成良好的自主学习习惯，也是慕课研究者需要深入研究的问题。

除了各司其职的教师团队以及活跃的学习讨论者，慕课课程的互动和管理还需要仰仗一定的学习支持服务工具。当然，其中最重要的学习支持就是每个慕课平台都会设置的课程导航系统、作业笔记展示区以及讨论区论坛。除了这些平台自带的技术支持，还有很多帮助学习者发现并筛选课程的评价筛选网站。比较出名的是具有索引功能的 Class-central 网站，主要用于帮助学习者进行新课的检索并提供时间索引，此外还有 CourseBuffet，Knollop，CourseTalk 等做课程评价与推荐的网站，以及国际知名的专门教育考试中心——培生教育（Pearson）等。我国的果壳网旗下的"MOOC 学院"也可以算作是慕课平台各类慕课课程在中国的集散地。"MOOC 学院"几乎网罗了世界各地的大部分慕课新开课程和热门课程。这些学习支持网站方便了用户查找适合自己课程的需要，它还支持学习者对课程的评价，如等级评价和意见评述等，为更多的后续学习者做出引导，也加强了学习者的沟通与交流。

四、同伴互评的评价方式及学分问题

学习者的学习评价是完整教学过程必不可少的一环，一般要在一定的学习目标的给定标准的指导下，通过运用一定技术手段与方法，对学习者在整个学习过程中的学习行为和结果进行科学的判定。学习者的学习评价是作为学生评价的一部分存在的，学生评价除了对学习者的学业评价，还包括对学习者的道德情感和综合素质的评价。学习评价可以诊断学习者的学习成果和教学的有效性，也对要完成的目标具有导向作用，客观上来说，通过对学习者学习的评价，教师能够更好地了解学习者的知识掌握程度。

在传统线下课堂中，学生的学习评价一般根据实施的时间不同而具有不同的作用，并因此将之分为诊断性、形成性和终结性评价三种。诊断性评价一般出现在课程开始之前，帮助教师了解不同学生的现有知识掌握程度和优缺点，从而更好地制订教学计划，教师一般会采用摸底测验与查阅过往成绩单结合的方式进行。形成性评价多发生在课堂上，多以单元为主要模块进行测试，它的主要作用是为了教师把握学生实时的学习情况，进而提供有效的帮助，形成性评价测试也可以使教师发现之前课程教学中存在的问题并及时纠正，一般的测试方式有随堂考试或者单元测试等。终结性评价发生在整个教学计划全部实施完毕之后，是对学习者乃至教师的整个学习过程中学习成果的总体评价。学校每学期的期末考试以及与升学挂钩的中考、高考都可以算作是终结性评价测试的一种。因此它的概括水平比较高，对测试的准确性、公平性有很高的要求。

慕课学习评价的标准没有传统线下课堂那样严格，这一点尤其体现在

终结性评价上。传统课堂的学习评价往往与学生的学分和获得学历相关，具有社会认可度；而慕课的学习评价一般是为了验证学习者是否按标准完成了作业，是否在一门慕课中学到知识而做的。因为慕课课程的设计团队各不相同，它的评价标准也各有不同，这取决于开设课程的教师事先确定的标准。一般授课教师会在开课前以公告的方式告诉学习者获得本课程的结业证书的具体作业要求和评分标准，学习者通过完成规定的课后作业量和测试，合格之后得到慕课平台颁发的带有自己注册姓名的相应课程的电子结业证书，作为学习者完成课程的认证。

值得一提的是，和前面提到的使一些积极发言且有一定能力基础的学习者加入学习论坛管理组一样，慕课课程的作业评价也有和传统线下课堂完全不同的方式——同伴互评。关于同伴互评的作业评价方式，很多人质疑它的公平合理性，认为做出课业评价更需要以教师的专业素养为基础，凭借随机分派到学习者手中进行作业评价，很难保证评价的有效性；而且，与传统课堂中的学生互评不同，慕课的学习者要面对的是数目更为巨大、学习背景各不相同的学习者群体，学习者各自完成作业以及进行评测的动机也不甚相同，且对于教师而言，评测的过程缺乏监控与调解……种种争议一直都不停歇。对此，宾夕法尼亚大学的三位教授通过数据分析的方式，测评慕课的可信度、合法性以及知觉影响等方面。数据分析的结果是，在一般情况下，多数的同伴学习者能够公平合理地对同伴的作业做出评价，他们给出的得分也与 Coursera 平台评分系统给出的成绩基本一致。

他们认为，同伴互评的使用有一定的使用原则，比如即使同伴互评的结果往往看起来更可信一些，但它并不能完全取代学习者自评，因此要把同伴互评与学习者自评组合起来。而且，进行同伴互评前要做好相关标准的确定工作，让参与评价的学习者按照一定的标准进行，并最好做一些相关的训练，以提高评价的可信度。同时，对一份作业的评价要经过 3 到 5位学习者的共同评价，并去除最高最低分等不稳定因素取平均值。在评分过程中，要把软件测评与同伴互评的结果结合起来，最大限度地保证成绩的合理性和有效性。

三位教授还提出，同伴互评不仅仅是教师团队人手不足、为解决庞大学习者成绩测评做出的不得已对策，对于学习者而言，做同伴互评的过程其实也是一种积极的学习经验。在评价其他学习者的作业的同时了解他们对同一问题的思路想法，再比照自己的作业思路，而且对他人的作业做出公正判断的过程，正好是检验自己的知识积累并对比反思的过程。

在慕课平台建设中，有一些慕课平台会定期挂出几门可以提供合作院校学分的课程供学习者参加。Coursera 一直在积极拓展合作伙伴，推进在合作院校间开设专项提供学分的课程项目。一般而言，学习者在注册时需要缴纳一定费用，考试结束后能够获得选修课程相对应的院校的学分，这有助于其完成该校学分获得相应的学历。同时 Coursera 还在积极促进高校间学分的互认，期望渐渐打破高校间的学分壁垒。如果这种学分认证被广泛认同，将会成为推动在线学位认证的极大动力。

目前来看，这项服务中学习者要参加的考试也比普通的只提供结课证书的慕课更为严格，比如答题过程中参与者要打开摄像头，将自己的身份证件和面部进行对照；考试中心也会运用一定的测量工具检查考试者的行文习惯是否和之前的数据相同；等等。这种课程相比于其他数目庞大的普通慕课课程的数量要少一些，但它却是慕课在满足不同学习者个性化、打破高校学分壁垒、加速线上学位授予进程等方面的极大进步。

很多人质疑这种学分授予是否会造成廉价学历泛滥的后果。虽然目前来看，关于高校的线上学分授予乃至学历授予，以及更进一步的校际间的学分互认合作项目的发展还不是很成熟，不过，互联网的存在就是能将过去不敢想的无关事物连接在一起成为一个整体的传奇，学习者对更多的优质学习资源以及获得学历认证的潜在需求势必会推动慕课在学分问题上走得更远。

第三节　慕课的特征分析

一、优秀的教育资源

MOOC 的兴起和发展起源于 MIT 的开放教育资源的运动。它继承了开放教育运动的"开放、共享"的理念，立志将名校的优秀教育资源在全球范围内开放共享。如 Coursera 与世界范围内的顶尖的大学合作开发课程内容和资源，教师和助教会考虑网络学习的实际情况，针对网络学习者的特点，选择合适的教学策略，精心规划课程，提供面向在线学习者的课程及资源，开展最优质的网络教育。

二、灵活多样的自主学习

自主学习是指学生作为自己学习的主体，通过学生独立地分析、探索、实践、质疑、创造等方法来实现学习目标。MOOC 的课程一般按照知识点被划分成"碎片化"的微视频，长度一般是 6～10 分钟，适应网络时代碎片化的学习特点。学习者可以根据自身的兴趣或者需求选择学习内容，选择适合的学习平台和工具，利用碎片化的时间学习，并在学习的过程中分析、探索、实践、质疑，最终实现学习目标。MOOC 课程大部分有开课时间和学习时间的限制，在此时间段内学习，学习者最终才有机会获得网站认证的证书，但是一般会提供一到两周的作业完成时间，学习者只需在课程截止日期之前上交即可，所以学习者完全可以在此时间段灵活自由地安排学习时间。MOOC 课程和所有的网络课程一样，不拘泥于地点的限制，完全可以在任何有网络的地方展开学习。在线教育的教学前景就是提供个性化的学习经验，MOOC 正试图记录大量学习者的历史学习轨迹，以期在数据分析的基础上对学习者做出个性化的学习指导。

三、大规模学生参与，多种类型的互动

MOOC 的重要特征就是大规模的学生参与，MOOC 课程的注册不限制人数，并且还借助 Facebook 和 Twitter 等社交网站给学生提供交流讨论的空间，学生和教师可以通过这些社交网站展开学生和学生之间、学生和教师（助教）之间的交互。学习者之间的交互可以形成学习共同体，他们之间可以围绕课程相关的问题进行交流和讨论，且当学习者之间展开深度讨论时，就会有新的知识生成，符合 MOOC 知识生成性的特点。学生和教师（助教）之间的交互发生在学习的整个过程中，包括教师课程的安排、教师向学生讲解知识、教师向学生提问和发布测验、学生回答教师的问题和进行测验，以及教师对学生问题的解答等。由于 MOOC 课程的学习者数量众多，因此学生之间的交互较为频繁，但教师（助教）和学生人数比值较小，教师（助教）和学生之间的互动发生的概率较小。在 MOOC 里的另一种类型的交互发生在人—平台之间，包括教师和平台、学生和平台。教师和平台

间的交互包括教师在平台上嵌入课程内容，教师通过平台查看学生的反馈信息；学生和平台之间的交互包括学生在平台上查看课程视频，完成测验，与同伴、教师之间展开交流讨论。

四、缺乏完整的学习体验

毋庸置疑，MOOC 具有通过网络向大量的学习者免费传递知识的巨大优势。但是，MOOC 能让学习者拥有完整的学习体验吗？MOOC 课程可以向学习者传播知识，但是教师在向学习者讲授的过程中，不能捕捉到学生的言语及表情的反馈信息，不能对学生反馈信息做出回应，导致学生学习体验的缺失。还有像工程类学科，学习过程中都需要大量的实验来完成，学习者通过实验加深所学知识印象，MOOC 课程发生在网络环境下的，不能进行真正的实验，虽然现在有大量的仿真模拟实验在网上实验室展开，但是依然不能替代学习者对真实实验的体会和在真实实验中获得的情感。教师和学习者之间隔着键盘和网络交流必然会大大减低实际操作的效果。

五、课程学习的维持力较低，完成率不高

很多人认为 MOOC 不能取得成功的主要原因，就是 MOOC 很高的退学率，与传统的教育形式相比，这是其最大的劣势。哈佛大学和麻省理工学院共同开展过的一项研究，该研究对 17 门 edX 上课程的数据进行跟踪。数据结果显示，共有 597 692 名用户注册这 17 门课程，注册次数是 841 687次。其中，292 852 名用户一次也没有参加过其注册课程的学习，469 702名用户学习了其中一门课程内容的不到一半，有 35 937 名用户学习了超过一半的课程内容，而只有 43 196 人完成了课程内容的学习，且拿到课程结业证书，这仅占总数的 7.2%，远远低于传统教育的课程完成率。选课人数众多但是完成率较低的情况表明，大多数的 MOOC 的学习者有足够学习的热情，乐于选择 MOOC 这种方式来学习，但是大部分的学习者难以完成课程。这可能有两个方面的原因：一是学习者的内驱力不足，二是课程本身吸引学习者维持学习的能力较低。

六、课程和学习效果的评价质量不高

MOOC 的课程虽然都来自名校，但是对其课程质量是否很高还存在着

一定程度的质疑。目前 MOOC 课程的评价大都是采用学习课程的学习者在论坛上投票、留言的方式，这种方式的评价是否科学还有待考究？MOOC 作为一种在线课程，也不可能用传统课程的评价方式来评价，因此针对 MOOC 课程的评价体系还有待开发。

　　MOOC 课程的开放性和共享性吸引了大批的学习者参加课程，因此怎样针对人数众多的学习者开展评价就成了一个重要的问题。目前 MOOC 平台对学习者效果的评价主要有两种类型：一种是机器对学习效果的评价，另一种是学习者之间的互评。对于是非对错标准比较明确的自然科学类以及答案唯一确定的选择类问题，机器都能正确地对学习者的答案做出评价，评估学习者学习效果。然而对于并没有统一答案人文社科艺术类学科，让机器来判定学习效果有一定难度。虽然目前有技术可以实现这个难题，但是评估的效果还有待提高。另外一种是学习者之间的互评，把对别人学习效果的评价纳入完成学习的一部分，但是调查研究表明很多学习者都是为了评价而评价，没有认真地对同伴做出一个客观正确的评价，或者由于学习者自身学习水平的限制很难对同伴做出正确的评价。

第四章 慕课的学习

慕课为全球学习者提供了优质的课程资源，也在全球学习者中掀起了学习的热潮。当前单门慕课的注册量最多已有 20 余万人，一般的慕课注册量也在 1 万人左右。而 Coursera 平台自成立以来，已有超过 500 万名注册学习者。

那么，全球慕课学习者的情况如何？究竟是谁在学习慕课？他们学习慕课的目的是什么？换句话说，他们为什么学习慕课？学习者究竟怎样更好地进行慕课学习？

第一节 谁在学习慕课

一、学习者分布

首先，哪些人在学习慕课？慕课学习者的人口组成有何特点？

从平台数据和问卷调查中对全球慕课学习者的地域、性别、年龄、学历等情况进行分析，所分析的数据来自三个方面：

（1）edX 平台数据统计。哈佛大学和麻省理工学院对 edX 平台上 HavardX 和 MITx 17 门课程上的百万名学习者进行了数据分析。

（2）Coursera 平台调查。美国宾夕法尼亚大学在 2013 年 7 月对 34 779 名 Coursera 用户进行问卷调查，这些用户是宾夕法尼亚大学 32 门公开课的使用者。

（3）慕课中文用户调查。2013 年，慕课学院在 Coursera 和清华大学在线教育办公室等机构的支持下，对 6 116 名网友进行了网上问卷调查，获得有效样本 5 981 份，参加过慕课的有效样本 2 440 份。

（一）地域分布

根据哈佛大学和麻省理工学院的研究者对在 edX 上两校课程学习者的

统计分析，美国的慕课使用者位居世界第一，占 28%；使用人数第二多的为印度，占 13.2%，已明显少于美国；再次为英国、巴西、加拿大；其中，来自中国的使用者则占全世界的使用人数的 1.2%左右。

果壳网对中文慕课用户的调查显示，在慕课学习者中，京、沪、粤、苏、浙等经济发达、教育资源丰富地区的学习者数量明显高于其他地区。

（二）性别分布

在慕课学习者的性别统计中，edX 和 Coursera 的调查都显示，男性学习者占有较大比例。例如，Coursera 的调查显示，全体慕课用户中男性占 60%；而 edX 的数据显示，约 67%的学习者是男性。特别是在理工类课程中，男性学习者占据了绝大多数，而在人文类课程中女性学习者相对较多。

（三）年龄分布

慕课学习者的平均年龄约为 28 周岁，其中主要集中在 21～35 岁的年龄段。

果壳网的中文慕课用户调查显示，18～25 岁的用户最多，31～45 岁的用户也超过了 10%。

（四）学历分布

根据统计，慕课学习者中具有本科及以上学历的比例一般在 60%以上，如 HarvardX 中 67.2%、MITx 中 66.8%的学习者都具有本科或本科以上学历。Coursera 平台的调查显示了相同的分布。调查发现，受调查的学习者中，83%有大专或本科学历，其中 44.2%以上的用户达到本科以上学历。而且，在世界范围内，慕课学习者的最高学历都远远超过他们所在国家和地区的平均受教育水平。

果壳对中文慕课学习者调查的学历分布方面发现，本科及本科以上学历的超过了 80%。这一水平不仅远远超出了全国人口平均受教育水平，也超过了全球的平均受教育水平。

二、学习者行为

（一）学习者类型

教育技术咨询专家和分析师菲尔·希尔（Phil Hil）在慕课教学实践的基础上，提出了慕课的五种学习者类型。

1．爽约者（No-Shows）

在一门慕课的注册者中，这些学习者往往是最大的一个群体。他们或许注册了慕课，并激活了自己的账号，但是，到课程正式开始的时候，甚至直到课程结束，他们一次都没有登录过这门课程。也就是说，他们压根就没有如约学习慕课。

2．袖手旁观者（Observers）

这些学习者登录了课程，也许阅读了课程内容，浏览了其他学习者的讨论。但是，除了视频中的嵌入式测试，他们既没有积极主动地参与学习者之间的互动交流，发表自己的观点和主张，也没有参与其他任何形式的评估。

3．临时进入者（Drop-Ins）

这些学习者参与某一门课程中的一些选题和一些活动（如观看视频、浏览或参与讨论组），但是他们不会去努力完成整个课程，也不是以全部完成该课程的学习、通过考核评估并获得证书为目的，他们只是临时进入学习一下而已。

4．被动参与者（Passive Participants）

这些学习者以消费的方式浏览一门课程，他们也许会观看视频、参加测试、阅读讨论组的内容，但是他们通常不会主动完成课程作业与任务。

5．主动参与者（Active Participants）

这些学习者全身心地参与到慕课之中，参加讨论组，完成绝大多数作业、任务和所有的测验与评估。

来自斯坦福大学的学习分析小组将慕课的学习者分为以下四类：

1．完成课程（Completing）

这类学习者观看了多数的课程视频，并能够完成大多数作业，更接近传统教学课程中的学习者。

2．旁听课程（Auditing）

这类学习者在课程中通常观看视频，但很少完成作业测试和考试，能够在整个课程期间访问课程。

3．放弃课程（Disengaging）

这类学习者只在课程的开始阶段参与课程视频和测试，之后只是偶尔看视频或完全不再访问课程。学习者脱离课程的时间一般在课程开始的前

1/3 阶段里。

4. 挑选性观看（Sampling）

这类学习者一般仅在课程开始时偶尔浏览视频或完成测试，但并未脱离课程，等课程资源完整后会访问课程、获取资源。

根据斯坦福大学对三门课程的学习者的统计，挑选性观看的学习者数量最多，其次是放弃课程和完成课程的学习者。研究发现，慕课学习者的课程完成程度与其讨论区的参与程度有很强的关联。因此，慕课应该促进更多的社会化行为。另外，多数学习者只是为了增加某些知识而选课，或者只是想进来注册一门课程，对慕课的教学法和实际教学组织看个究竟。他们并没有想获得证书，也就不会想要完成测验。在此情形下，旁听或挑选性观看其实也是应该鼓励的。

（二）学习者动机

根据美国《自然》杂志和《科学美国人》杂志的调查，慕课学习者修课的动机主要是免费、个人兴趣和促进职业发展。在果壳网 MOOC 学院的调查结果中，中文学习者的动机主要是学习新知识、提升特定技能、获得一流教育资源、提升英文水平、打发时间，对"教育"和"获取知识"的渴求比起全球水平更为明显。另外，中文学习者希望学到的课程以人文性质的居多，其次为计算机类课程和经济、金融与艺术。这与国外的情况似乎并不相同。

（三）完成率

课程完成率一直是慕课面临争论的一个问题，也是慕课遭受批评最多的地方之一。几乎所有对慕课学习者完成情况的统计都验证了慕课学习者的完成率呈现倒漏斗状结构。

根据果壳网的调查，慕课的中文使用者有 67% 从来没有完成过一门慕课的全部课程，主要原因是可以投入的时间有限、缺乏毅力以及语言障碍。

较低的慕课完成率是慕课领域一直备受争议的一个问题。越来越多的研究指出，较低的完成率并不能用来评价慕课。

人们通常用于评价慕课的课程完成率指标具有误导性，甚至有时会对正确评估一门课程的影响力和潜力产生反作用，纠结于课程完成率限制了我们对慕课潜力的想象。

第二节　有效学习慕课的策略

作为学习者，如何更好地利用慕课资源进行学习？让我们听听慕课高手和专家的建议。

一、慕课高手是如何学习的

（一）王祯

果壳慕课自习室组长王祯是慕课领域的明星。王祯从 2011 年年底开始慕课学习，在慕课上花费了超过 2000 小时的时间，收获了 40 多张各式各样的慕课证书。"当兴趣成为习惯，想停都停不下来了。"作为一个资深慕课学习者，王祯为那些想在慕课学习中获得成功的同学提供以下建议：

（1）选择感兴趣的课程。如果不感兴趣的话，那为什么要选这门课？还不如把时间投入到更有价值的地方。

（2）要勇敢地放弃。现阶段慕课的课程质量良莠不齐，我们无法事先知道哪一门课更适合自己。所以，大规模地试听，然后保留下自己感觉好的课程，是一种非常好的策略。

（3）作业要往前赶。生活中充满意外，我们永远无法知道下一次截止日期的前一个晚上我们有没有时间，所以"拖延症"是很危险的。如果你现在有时间，不妨先去完成一门课的作业。

（4）不要害怕语言障碍。外语课程既是学习知识的机会，也是学习语言的机会。只要你能看懂字幕，那就不应该害怕听不懂课程。能一箭双雕，何乐而不为？

（5）重视与同学交流。多看论坛，与同学讨论，这也是学习知识的重要途径，甚至是完成作业的必要经历。

（6）找同学一起学习。社会化的学习也许是更好的监督和鼓励机制。

（二）梁费曼

梁费曼（Feynmau Liang）是一名大学生，在马萨诸塞大学（UMASS）的达特茅斯分校（Dartmouth）和阿默斯特分校（Amherst）分别修读工程学士学位和生物物理学士学位。在完成学业的同时,梁费曼还同时在 Coursera、Udacity 以及 edX 三个慕课平台上学习了超过 50 门慕课。

在一次接受采访的时候,梁费曼谈到了他学习慕课的六点经验:

1. 这不仅仅是证书的问题(for What?)

慕课与许多学历教育和强制性培训课程不同,它完全是基于学习者自觉自愿的学习行为。在这样的学习中,课程"完成证书"所连带的实惠和效益几乎是不存在的。所以,对于任何一个慕课学习者而言,为自己学,自觉自愿学,是选课的第一准则。

2. 不要只用视频来评判一门慕课的好坏

在慕课中,不同的课程,视频制作的技术、方法、理念及艺术性是不同的。有些慕课的视频制作精美,颇具艺术品位;而有一些则是简单的"头部展示"(Head Slow),就是把摄像机位固定对准主讲者的脑门。为此,梁费曼认为,不要只用视频来评判一门慕课的好坏。

3. 准备抱怨同伴评分吧(学习评价是软肋)

在梁费曼看来,慕课中的评价环节是一个大问题。想想也是,面对数千动辄几万十几万的学习者,完全让老师来评判学习者的作业,那得需要多少老师啊。为此,在慕课中,同伴互评(Peer Grading)是最常见的评估方法之一。

然而,在慕课中,由于是开放的,任何人都可以注册学习,因此,学习者之间在知识背景、知识结构、语言水平等许多方面无疑是千差万别的。这样,同伴评分在许多慕课中是备受抱怨的。

4. 选课的时候不要患得患失(好奇心)

梁费曼建议在选择慕课的时候,不要患得患失。其实,是我们自己选择慕课学习,不是外在力量推动我们学习。因此,我们应该听从自己的内心,听从我们的好奇心和兴趣,量力而行,选择自己真正感兴趣的课程学习。

5. 不要设想课程之间有一致性(差异很大)

梁费曼认为,在修读慕课的时候,不要奢望课程之间有一致性。其实,课程之间的差别还是很大的,无论是在教学方式方法上,还是教学风格上。

(三)乔纳登·哈伯

乔纳登·哈伯(Jonathan Haber)是一位教育研究员,他设计并践行了一个实验项目"Degree of Freedom One Year BA project(一年自由学士学位计划）"。这个项目旨在探索人们是否可以通过 12 个月的慕课学习，获得与传统四年大学学士相当的"同等学力"。哈伯对慕课学习提出了以下建议：

（1）投入足够的时间来观看课程视频，以确保视频材料被吸收和理解。这意味着对于每一个小时的视频，我们需要用两个小时的时间来学习，给自己足够的时间来暂停视频、做笔记、返回重看，或者在不理解的地方暂停去查资料。

（2）确保高质量的学习状态。不要在学习的同时进行其他在线行为，关闭邮件、社交网和微博，消除干扰，因为一心不可二用。

（3）认真阅读课程指定和给出的学习材料。注意仔细阅读，不要略读和跳读，即使这些材料没有作业要求，也要作为学习内容认真学习。

（4）在作业方面，要尽量以最好的要求完成作业，而不要仅仅完成作业的最低要求。

（5）确保一定的时间与课程学习者进行交流，无论是通过在线的形式还是通过参与线下交流。

（四）巴图诗蒙

蒙古少年巴图诗蒙·延甘巴亚（Battushig Myanganbayar）在 MIT 开设的首门慕课"电路与电子学"中取得满分，被 MIT 录取。他的主要学习经验包括：

（1）巴图诗蒙把 1/4 的学习时间都用于在网上搜寻辅助材料。他基本上完全利用免费的网络资源，自学所需的高等数学等知识。

（2）得到了某些"传统"的帮助。巴图诗蒙的高中校长邀请斯坦福大学毕业生托尼·金（Tony Kim）来到学校，进行日常辅导，作为网络课程的补充。也就是说，巴图诗蒙在修读慕课期间，有一位卓越的助理教师，而修读同一门课的其他学习者则大都没有得到课下的辅导。

（3）注重实践。在"电路与电子学"课程学习中，巴图诗蒙设计发明了一个电子设备，用于警告他 10 岁的妹妹正有车驶近她游戏的车道，将知识应用于实际问题的解决中。

二、给慕课学习者的建议

（一）黛比·莫里森的六条建议

慕课新闻评论（MOOC News and Reviews）博客作者黛比·莫里森

（Debbie Morrison）为慕课学习者"如何从慕课上获得最大收益"提出了六条建议：

1. 你的学习目标是什么

建立自己的学习目标可能听起来有些奇怪，因为在慕课平台上，在每一门课程的简介和描述里，慕课教师团队已经明确地申明了该课程的目标。但是，在开始学习一门慕课的时候，提前建立学习者自己的学习目标是获得丰富而成功的学习经验的关键。慕课之美，体现在属于你自己的学期里，能够灵活地学到你真正想要学习的东西。除了学习时间的付出之外，学习者不再需要任何资源和投入。毕竟，学习者的时间是非常宝贵的，每一个学习者只有建立自己的学习目标，才可以确保获得应有的回报。

第一个或者首先需要明确的是，你为什么要来学习这门慕课？学习的目的到底是什么？是为了丰富个人内涵？或是培育和发展一项能在目前工作或未来工作中应用的技能？还是只是好奇，想看看慕课到底是怎么教的，怎么学的？

学习者在明确了为什么学之后，第二个问题便是按照学习者自己修读这门慕课的理由，量身定做自己的学习目标。最有效地利用宝贵时间的方法就是通过建立个人学习目标，来学习对自己真正有意义、有价值的东西。

2. 你想付出多少时间

另外一个需要明确的问题是，你究竟计划每周投入多少时间来学习这门慕课——每周你想贡献给该课程的小时数大约是多少？你是否能真正地投入这些时间来学习？有些慕课自带的课程指导能够说明每周需要多少个小时的学习，学习者才能跟上课程的进度，虽然这些参考的投入时间不是很精确。因此，在大多数情况下，学习者还是必须依赖于自己的个人目标来灵活安排，因为究竟什么时候学习，对每个学习者来说往往是不固定的。

一旦建立了自己的时间目标，能否实现又变成了一个挑战。特别是如果你既要工作，又要照顾家庭，还必须尽你作为公民的社会义务。一个有效技巧就是每周从日历里提前划出一些上课时间。虽然这样也不是很固定，但是，如果在自己的时间表里有明确的上课时间规划，相信学习者会更有动力去上课。

3. 做笔记

学习者一旦设定了学习目标，那么接下来就应该认认真真地钻研和修读课程。黛比·莫里森强烈推荐学习者建立并且坚持记录自己的网络笔记。网络笔记不仅能在一开始帮助学习者记录自己的学习目标，而且，在日后的学习过程中，也能帮助学习者记录笔记、列出网页链接清单、图片、网络产品和其他有关课程的内容。

黛比·莫里森最喜欢的工具是"印象笔记"这个程序。她在最开始登记的每个课程中都创建了一个网络笔记本，这个笔记本中的内容包括课程描述和个人课程目标。随着课程的进展，她添加更多的内容到笔记本中。比如，当她看到一个演讲，就会在观看的同时，边听，边想，边做笔记。

4．做好接受过量信息的准备

刚开始学习慕课的时候，学习者常常会感到不知所措，这是很正常的。大多数学习者会丈二和尚摸不着头脑，甚至不确定应该从哪儿入手开始学习，不知道在哪里可以找到该课程的教材。对于慕课究竟如何运作，学习者往往也会感到茫然不清。

首先，学习者必须明确，慕课学习的前提是学习者的自我指导和自我激励，这可能对学习者今后的课程学习有所帮助。慕课假定每一个学习者在学习过程中都会很活跃，都会坚定地创建学习计划，复习课程中所学的内容；学习者能自己确定主题，并且知道如何在恰当的时间与成千上万名其他学习者在论坛互动交流。因此，大多数慕课学习者都经历和遭遇过"信息轰炸"，这一点也不稀奇。因为，慕课较之于传统课堂，是一种完全不同的学习方式。

如果这些发生在你的身上，请不要退缩，因为这属于正常现象。一旦你花时间去浏览和阅读课程，这些内容就会变得有意义起来了。把课程主页想象成一个挤满资源和内容的虚拟教室，这将大大地促进你的慕课学习。但是，信息过载是确确实实、真真正正存在的，它通常至少会持续一周时间。

5．熟悉课程主页，了解授课教师的要求

第一个学习技巧是熟悉课程内容。学习者可以浏览课程各个部分的提要，访问课程主页上的链接标签。第二个技巧是通过阅读课程大纲，了解课程被分成了多少部分，然后阅读或观看教授的介绍。在慕课中，最常见的课程简介形式是书面的欢迎信息或视频，有些课程可能还包括了"从这里开始"之类的信息。这显然是一个慕课学习者必须浏览、阅读的页面。

熟悉了大纲，对再回去浏览位于主页内的标签是很有帮助的。熟悉课程主页的各种功能之后，你就可以准备开始学习慕课了。每个学习者首先要明确自己在学习的第一周究竟要干什么，如看课程视频、阅读相关内容等。学习者是为了实现自己的目标而去做这些的，因而可以灵活地遵循自己的计划。不要任何事都拘泥于教师的要求，按照自己的学习目标来做就好。

6. 创造自己的内容，和大家分享

慕课的学习并不是单纯的、个人的、被动的努力。慕课学习要求学习者积极争取去创造知识，或者写点什么，即使所修读的慕课并没有这个要求。学习者可以写下学到的内容并发到博客上去，写成文章然后分享，做一个幻灯片或演讲或视频，与更多的人一起分享自己的学习。

即使课程没有要求，学习者也应当考虑积极与其他学习者联系。慕课不仅提供了这样一个全世界的学习者互相学习的机会，而且，慕课的理念也非常鼓励学习者之间的互动交流的行为。黛比·莫里森自己与其他学习者用不同的方式联系着，这取决于课程的实际情况和她自己所拥有的时间的多少。黛比·莫里森介绍说，她也非常喜欢参加谷歌+社区或 Facebook 页面建立课程联系。如果 Twitter Stream 上有这个班，她也会加入，这样，她就可以看到班里其他同学的评论，浏览阅读其他同学所发表的有关课程话题的博客。

有些学习者利用社交媒体平台组建学习小组，甚至通过实时聊天平台或谷歌视频群聊沟通。有些学习者则充分地使用了慕课本身的讨论区。尽管，对许多学习者来说，这种同时发表评论的方法是一个不小的挑战，但是，在课程论坛里，总能发生不少非常有意义的对话和讨论。不过，黛比·莫里森的建议是，不要尝试参与一个以上的讨论主题。如果你发现有一个吸引你的主题，发布一条有思想的评论，有助于进一步讨论。

（二）焦建利教授给慕课学习者的 10 个建议

1. 树立终身学习的理念，为自己学，为生活而学

慕课（大规模开放在线课程）最突出的特征包括大规模、开放、在线、课程。其中，开放就是指任何人，无论年龄、学历、学习基础、经济条件、信仰，都可以在线学习这些课程。

以往的学校教育，往往承载了更多功利性的元素，人们总是为了一个好成绩而努力学习，为了一个好学校而努力学习，为了一份好工作而努力学习。其实，人们更应该为了提升生活的质量与内涵而学习。

因此，慕课的学习首先应该是树立终身学习的理念，为自己而学，为生活而学，不是为了他人而学习，也不是为了文凭而学习。

2. 自制力与意志力是防止半途而废的重要因素

在慕课所遭遇的批评和抨击中，最多的恐怕要算其高辍学率和低完成率了。其实，在传统的课堂教学实践中，表面的低辍学率和高完成率又意味着什么呢？这值得思考。

的确，当学习完全变成一种自主行为的时候，当学习不再受外在因素约束的时候，辍学的门槛就很低，加之学习本身也是不需要交费的，因此，高辍学率和低完成率便是可以理解的。而在慕课学习过程中，自制力和意志力是防止半途而废的重要因素。

3. 选好课（讲得好的），选对课（你需要的）

选课是慕课学习的重要环节，设想一下，如果一个学习者选错了课程，或者选择了自己并不真正感兴趣的课程，那么其学习的积极性、学习动力和学习的结果是可想而知的。因此，在慕课选课的过程中，学习者不仅要选好课，还要选对课。所谓选好课，就是要选名校名家的课程，选讲得好的课程学习；而选对课，就是要选你当下最需要的课程，选你真正感兴趣的课程。

4. 将慕课学习与你的工作、生活紧密结合

在慕课的学习之初，尤其是在选课的时候，学习者应该选择与自己的学习、生活和工作密切相关的课程。在学习过程中，学习者只有选择与自己在现实世界中的学习、生活和工作高度相关的课程，才会受益最大。

如果你正好对音乐感兴趣，北京大学在 edX 上开设的"20 世纪西方音乐"应该很适合你；假设你正好是一位建筑师，清华大学的"中国建筑史"应该与你的学习、生活和工作关系最为密切……修读这样的慕课，对学习者的专业发展一定大有益处。

5. 用好在线论坛，积极参与社区互动

慕课的最大优点之一就在于学习者参与。因此，在慕课的学习过程中，学习者应当用好在线论坛，积极参与课程社群中的互动和交流。尤其是要把同时修读慕课的其他来自世界各地的"同学"视为重要的资源，通过在线论坛和社区中的互动交流，在向慕课讲授者学习的同时，也向来自世界各地的其他学习者学习。

6．记好课程时间节点，弄清课程评分政策

就目前来看，许多慕课都只是持续数周。这样在选课、学习和考核的各个不同时间段，记好课程时间节点就显得尤其重要。如果学习者事先注册了课程，原本计划学习，但是忘记了课程开课时间，就变成了"爽约者"。

同时，学习者在学习慕课的过程中，应当弄清楚课程评分政策。例如，有些课程是允许学习者少交一两次作业的，有些课程却不允许。弄清楚课程评分政策，对于那些希望获得课程完成证书的学习者来讲尤其重要。

7．第一次获得低分时，不气馁、不放弃

慕课学习遭受批评比较多的另外一个方面，就在于同伴互评。由于学习者来自世界各地，语言基础和学科课程基础各不相同，因此，在同伴评分的时候，有时难免会出现一些问题，或者出现让学习者感到无法接受的情况。

但是，无论如何，在第一次学习慕课、在同伴互评过程中获得低分的时候，不应当气馁或者放弃。对于这样一种目前正处于高速发展阶段的新生事物而言，我们应当以宽广的胸怀去接受它。

8．充分利用课程提供的所有学习材料

慕课的形式是多种多样的，其中最常见的形式是视频、讲义、作业和项目的组合。加之慕课的学习是以完全在线的形式展开的，因此，在学习慕课的过程中，学习者能否充分利用课程所提供的所有学习材料，就显得尤其重要。

9．合理分配时间，管理好自己的时间

在慕课学习过程中，导致常见的高辍学率和低完成率出现的重要原因之一，就在于学习者的时间管理。一些学习者雄心勃勃，一次选取了太多的慕课学习，但在现实生活中又有重重事务需要处理和应对，造成自己的时间不够用，疲于进行慕课学习，甚至常常被"更加重要的"其他事情所取代，其结果势必导致辍学。为此，在慕课的学习过程中，学习者应当合理分配并高效管理自己的时间。

10．做学习的主人，做自己命运的主宰

随着世界开放教育资源运动的蓬勃发展，人类的学习与教育仿佛一下子来到了教育资源的大同世界，在线课程、视频公开课，尤其是慕课的迅猛发展，使得我们今天的教育成为人类教育史上前所未有的一种教育。也就是说，今天，任何人只要愿意，都可以借助互联网，向其他任何人学习自己想要学习的几乎任何东西。

在这样一种学习型网络中，在今天这样一个终身学习的社会中，在这样一个人人为师、人人为学的时代中，我们任何人都有一个统一的和不变的身份，那就是终身学习者。每一个人都要做学习的主人，做自己命运的主宰。

（三）"精熟学习"技巧

精熟学习是在慕课设计中应用的一种有效的学习理论。在学习过程中，合理设置精熟学习的步骤，无疑有助于学习者对慕课知识概念的理解和掌握。

Coursera 为学习者提出了应用精熟学习的 5 个步骤：

（1）选择要学习的概念或模块。

（2）写下清晰的学习目标。

（3）练习，练习，再练习。

（4）测验检查。

（5）现在你已经掌握了要学习的内容，可以开始下一步的学习了。

三、印象笔记：有效的慕课学习工具

古人云："工欲善其事，必先利其器。"

在慕课学习过程中，合理使用恰当的学习工具软件，无疑会使慕课的学习如虎添翼。建立并坚持进行课程笔记的记录和管理，也有助于促进有效的学习。

印象笔记是功能完善的云笔记软件 Evernote 的中文产品，它秉承了 Evernote 的一贯风格，遵守简单易用的操作理念，为用户提供了强大的网络笔记功能。

（一）基本功能

印象笔记的基本功能有：

（1）保持同步。印象笔记支持所有的主流平台系统，一处编辑，全平台之间可以同步。同时，印象笔记支持 Web 版和移动网页版，只要能上网的设备均可以在浏览器中打开进行操作。

（2）剪辑网页。可以使用网页剪辑插件保存完整的网页到印象笔记账户里，文字、图片和链接都可以保存下来。

（3）图片搜索。图片搜索是印象笔记最具特色的功能，可以搜索到图

片内的印刷体中文和英文以及手写英文,对文字版的 PDF 文件也同样有效。

（4）储存重要资料。支持任意格式文件作为附件插入到笔记中,并实现跨平台同步,方便不同平台之间的文件资料管理。

（5）团队协作。印象笔记允许不同用户共同编辑一个笔记本,实现团队协作办公。

（6）支持第三方。印象笔记支持大量第三方协作应用。

（二）如何在慕课学习中使用印象笔记

1. 信息保存

在慕课的在线学习中,经常需要记录和收藏课程信息、课程笔记、个人学习心得,使用印象笔记和网页剪辑插件可以将内容方便地保存在学习者的个人账户之中,并在印象笔记中建立笔记本和个人标签,方便对信息进行归类保存。

通过印象笔记的网页剪辑插件,使用剪藏功能可以将网页的多种信息,包括导航、文字、图片和链接都保存下来,并且可以进行同步,学习者将来可在任意设备上学习使用保存过的笔记。

同时,在 Google Chrome、Safari 和 Opera 浏览器上,还可以对网页进行快速截屏,在上面添加文字、箭头、方框等精美标注,再进行保存或分享。

2. 信息检索

在印象笔记中,学习者不仅可以建立多个笔记本,来对个人笔记进行分类,还可以根据自己对笔记所添加的标签进行分类浏览。学习者自己常用的笔记、笔记本和标签都可以添加到快捷方式中,并实现全平台同步,从而能够随时方便、快捷地找到自己的笔记。除了普通的关键字搜索,印象笔记还支持高级语句搜索,包括搜索图片中的文字。

3. 笔记共享

在印象笔记中,用户可以通过电子邮件和公开链接分享自己的笔记。学习者还可以共享笔记本,即与其他学习者共享自己的笔记本和其中的内容,从而方便地实现知识共享。

4. 移动端支持

印象笔记具有移动端支持,在安卓、iOS 等主流移动平台上都可以使用。智能手机和平板电脑上的印象笔记可以在移动环境下做笔记、录音。学习者可以在移动学习的过程中,方便地通过印象笔记辅助学习。

第三节 慕课的学习支持服务

随着慕课的发展，课程数量不断增加，提供学习支持，帮助学习者发现和筛选对自己有价值的优质课程，成为学习者的一个需求。为了帮助学习者对慕课网站的众多课程有所了解并选择，为慕课提供学习支持的课程评价与推荐服务也开始逐渐产生与发展，如国外的 Knollop、Mooctivity，国内的 MOOC 学院、挖课（CourseMiner）等系统，提供了慕课的索引、评价、推荐、社区等功能。

这些学习支持服务网站的功能包括：

（1）集成了多家慕课平台的数百门课程，包括 Udacity、Goursera、edX、可汗学院等，用户可以设置课程过滤器，根据课程来源、日期、主题、评级等不同的条件筛选课程。

（2）提供用户对这些课程进行查看、撰写评价等级的功能。

（3）基于用户评价，综合制定某门课程的等级。

（4）基于推荐算法，进行相关课程的推荐。

（5）显示某门课程的学习者，方便学习者之间进行交流和沟通。

专业型慕课学习支持服务网站的发展，说明慕课的应用已开始从内容建设走向内容筛选与学习支持服务，这是推动慕课发展的一种有效路径。慕课正在发展成为一个全面的学习生态系统。

下面选择了国内外典型的四个慕谋学习支持网站进行介绍。

一、Mooctivity

Mooctivity 的定位是提供慕课的综合评价和学习者的社会化网络服务。

（1）提供一个高级搜索引擎，帮助用户在数量众多的慕课中搜索课程，提供根据课程属性、雇主推荐和用户评论的导航。

（2）构建一个社会化网络，学习者通过邀请和关注朋友、同事以及其他慕课学习者，掌握课程最新情况，获得有价值的建议。

Mooctivity 提供了以下主要功能：

（一）课程检索

在课程检索上，除了大多数慕课聚合网站提供的根据学科、时间、语言、授课周数等进行的检索外，Mooctivity 还提供了具有特色的根据不同行业雇主推荐的课程检索。

（二）课程页面

在课程页面，有某门课程的基本信息，包括雇主推荐、用户评级、Facebook 用户收藏数等。用户可以注册课程、添加评论或收藏课程，还可通过撰写评论、标注自己当前对课程的状态，包括：感兴趣、已注册、已完成、已完成并获取证书、浏览者、已退出课程等，并对课程的总体情况、课程材料、难度进行评分。

（三）社交网络

Mooctivity 与社交网络进行了良好的集成，用户可以直接使用 Facebook、Twitter 或谷歌账号登录，并邀请朋友加入 Mooctivity。在每门课程信息上，会显示其在 Facebook 上被点赞的程度，并可以直接将课程发布到自己的 Facebook 或 Twitter 上，用户之间还可以相互关注（Follow）。通过社交网络，学习者实现了平台内外全方位的交互与沟通。

（四）评论黑板

Mooctivity 的评论黑板类似于讨论区的功能。Mooctivity 把用户对课程的评论建立了一个独立的"Blackboard"板块，这里会显示学习者对课程的评论，有价值、高质量的评论将被标记为"Featured"。

二、MOOC 学院

MOOC 学院是果壳网旗下的慕课学习社区，提供了课程汇集、检索、点评、笔记、讨论区等功能，是国内最大的慕课学习者的交流社区，聚集了超过 50%的慕课中文用户。

在 MOOC 学院首页上，有"课程""讨论区""视野"三个主模块。在"精选推荐"中，会定期精选五条信息进行推荐；在"课程专题"模块中，对多个慕课平台具有相似主题的课程进行汇总，结合平台对学习者的统计分析，从某个专题的角度为学习者进行推荐。例如，对女性学习者推荐的课程专题"十门最受女生欢迎的课程"，对心理学爱好者推荐的"MOOC 心理学之旅"等。在首页上，还提供了当前热门的课程和即将开始的课程、课程动态以及讨论区中学习者的最新讨论。

（一）课程

1. 课程筛选

在"课程"模块中，可以按照授课语言、慕课机构、学科内容进行课程筛选，并按"近期热门""评分最高""即将开始"等条件进行排序筛选。

2. 课程信息

每一门课程都有一个独立的课程主页，每门课程一般包括基本的课程说明、课程难度、授课语言与时间，还有修课同学的课程笔记和课程评价，以及与该课程相关的讨论和课程情况。学习者还能够在这里"晒"（Share）证书，分享个人学习的成就。

3. 课程点评

学习者可以对每门课程添加个人点评，包括课程质量、课程难度、自己当前的学习进度、个人体会等方面，分享自己对学习的感受，供其他学习者参考借鉴。

4. 课程笔记

学习者在学习过程中，可以记录个人对学习内容、作业、心得等的体会，通过编写笔记的方式进行分享。所发布的笔记会集中在这门课程的笔记区，供学习者之间相互交流，共同学习。

（二）讨论区

学习者可以在讨论区发帖，讨论与分享课程学习以及和慕课有关的信息。MOOC 学院讨论区已成为国内慕课学习者分享和交流的重要场所。

（三）学习小组

在 MOOC 学院和 Coursera 的支持下，学习者可以成立针对某门课程的学习小组（Learning Hub），进行线上线下学习分享、聚会等活动。当前，MOOC 学院已有三门课程成立了学习小组，包括"怪诞行为学"（A Beginner's Guide to Irrational Behavior）、"儿童营养与烹饪"（Child Nutrition and Cooking）、"那个产品有多绿？生命周期环境评估导论"（How Green Is That Product? An Introduction to Environmental Life Cycle Assessment）。

（四）社交互动

MOOC 学院与国内主要社交网络互通，用户可以将感兴趣的信息或帖子分享到新浪微博、豆瓣网、QQ 空间、微信、腾讯微博等社交网站。同时，

MOOC 学院也通过新浪微博等社交网站进行信息分享，与用户互动。

三、Knollop

Knollop 是一个 2012 年 10 月上线的网络资源多维度聚合网站，尤其突出课程检索和课程评论，致力于绘制个性化的线上学习图谱。

在 Knollop 的首页上，主要包括三个模块："特色课程推荐""最受欢迎课程推荐"和"最受欢迎课程平台推荐"。Knollop 提供了课程的主题（Topic）分类，用户通过主题页面可以了解最受关注的课程、课程平台，以及每个主题里面的课程数量、每个课程平台的课程数量。

（一）课程检索

Knollop 提供了课程检索的多种过滤方式，学生可以通过设置课程过滤器进行课程筛选。过滤条件包括：开课时段（Session）、主题（Topic）、语言（Language）、平台供应商（Provider）、标签（Tag）、课程水平（Level）、课程特征（Features）等。

（二）课程信息和评论

在每个课程的页面上，一般都有该课程的详细信息，包括学习者的课程评价、课程特征、用户标签和用户评论。

用户可以在课程页面上标记自己的当前状态，如已经完成、注册、退出课程或计划学习该课程，并可以添加个人标签。参与课程的学习者可以对课程的总体情况（Overall）进行评价，并分别就课程的内容（Content），难度（Difficulty）、深度（Depth）和娱乐性（Entertainment）进行评分。

（三）标签功能

Knollop 提供了标签（Tag）功能，用户可以为课程添加个人标签。用户标签形成标签云，显示在课程页面，可以进行基于标签的检索。

四、CourseTalk

CourseTalk 是在 2012 年成立的一个提供在线课程检索和点评的网站。

（一）课程检索

CourseTalk 的一个特色在于将课程按照专业型、学术型、娱乐型等方面进行划分，每种类型又按照学科、开始时间、课程难度、开课院校、平台供应商进行检索。

（二）课程页面

在每个课程的页面上，一般都有该课程的基本信息，包括学习者对该课程的评论、课程费用、难度、学习时间等，并给出了相关学习者和课程的信息，以及其他学习者对课程的评论。用户可以撰写个人对课程的评论。

（三）课程比较

CourseTalk 还提供了一个具有特色的课程比较（Compare）功能，用户可以选择多门课程进行比较，系统将从课程的平台机构、学习者评价、难度、时间、费用等各方面对课程进行对比，以方便学习者的课程选择。

第五章　学习方式的概念及转变

什么是学习？中国古代教育家认为"学"即闻、见、思，"习"指巩固、练习。学习就是获得知识、形成技能、培养才智的过程。美国心理学家桑代克（Edward Lee Thorndike）认为学习即试误。知识、技能的学习是通过尝试、错误、再尝试这样一个反复过程而获得。美国行为主义学派华生（John E. Warson）、斯金纳（Frederick Skinner）认为学习即条件作用，是刺激与反应的联结。德国格式塔学派代表人物柯勒（Wolfgang Kohl，）认为学习即顿悟。现代认知心理学的核心观念是学习即信息加工过程。托尔曼（E. C. Tolman），布鲁纳（Jerome S. Bruner）等认为，学习是对环境中的刺激以及关系形成一种新的认知结构的过程，是意义的获得和期望的实现的过程。"学习是通过主体的主观作用来实现的。"从狭义上来讲，学习是指人在社会实践中，以语言为中介，经过思维活动而积累经验，进而产生行为、能力和心理倾向的比较持久的变化的过程。

什么是学习方式？学习方式由美国学者哈伯特·塞伦（Herhen Thelen）于 1954 年首次提出。随着学习方式研究的不断深入，其内涵也日益丰富。美国纽约圣约翰大学的邓思夫妇认为，学习方式是学习者注意力集中并试图掌握和记忆困难的知识技能时所表现出来的方式，它受周围环境、自身情感特征、社会需要、生理特征以及心理倾向的影响。中国台湾学者张春兴认为，学习方式指学习者在变动不居的环境中从事学习活动时，经由其知觉、记忆、思维等心理过程，在外显行为上表现出的认知、生理性质的习惯性变化。我国学者陈琦认为，学习方式是人们在学习时所具有或偏爱的方式，即学习者在研究解决其学习任务时所表现出来的具有个人特色的方式。综合上述学习方式的定义，可以认为学习方式具有以下特点：第一，学习方式是学习者一贯表现出来的学习策略和学习倾向的总和。学习策略指学习者完成学习任务或实现学习目标而采取的一系列步骤，其中某一特定步骤称为学习方法。学习倾向包括学习情绪、态度、动机、坚持性以及对学习环境、学习内容等方面的偏爱，所以具有稳定的本质属性。稳定性指学习方式在长期的学习过程中逐渐形成，很少因学习内容、学习环境等因素的改变而变化。第二，学习方式具有差异性和独特性。学习方式在学习者的生理结构及其机能基础上，受到特定的家庭、教育和社会文化等因家的影响，通过个体自身长期的学习活动而形成，具有鲜明的个性特征。第三，学习方式具有情景性。学习方式只要适合特定的教学和学习情景，就有可能在具体的学习情境中成为最有效的方式。学习方式总是与教学方式共存于一体，互相渗透，互相制约，互为条件，相辅相成，共同发展。学习方式尽管具有稳定性特征，但受到社会、家庭、学校教育方式的影响而改变。

英语学习方式与一般的学习方式相比既有普遍性，即共性，也有差异性。英语作为语言，在学习过程中既是学习的对象，又是学习的载体和手段。如果语言学习和获得是习惯养成的，那么，个体英语语言的发展必然与语言知识和技能的累积有关。如果英语学习是自主行为的存在，那么，个体英语语言理解和表达必然是一个自主自足的学习过程；如果课堂英语学习是社会行为或社会化的过程，那么，合作学习方式是个体必然选择；如果英语学习本质上是意义的存在，那么有意义的学习方式必然为个体所接受、所偏爱。

第一节　学习方式的概念、分类和现代学习方式的特征

一、学习方式的概念和分类

（一）什么是学习方式

学习方式（learning approach 或 learning style）是当代教育理论研究中的一个重要概念，目前学术界对它的解释并不完全一样。美国学者纽曼（Newman P. M. ）认为："学习方式是指学生在教学活动中的参与方式，既包括学生的行为参与、情感参与，又包括认知参与。"显然，纽曼把学生的学习方式视为一个组合概念，是行为参与、情感参与和认知参与及社会化参与的有机结合。因此，学习方式的转变，意味着要改变学生的学习态度、学习意识和学习习惯品质。

目前大多数学者都认为，学习方式是指学生在完成学习任务过程中的

基本行为和认知的取向。学习方式较之学习方法是更为上位的东西。学习方式是人们在学习时所具有或偏爱的方式，即学习者在研究解决其学习任务时所表现出来的具有个人特色的方式。它是学习者持续一贯表现出来的学习策略和学习倾向的总和。它不仅包括学习方法、学习策略、学习手段等方法、技术层面的外在表现，而且还包括学习态度、学习品质等智慧、性格层面的内在品质。

学习方式不同于具体的学习策略和方法。学习策略是指学习者为完成学习任务或实现学习目的而采取的一系列步骤，其中某一特定步骤称为学习方法。例如，有的学生倾向于借助具体形象进行记忆和思考，有的学生偏爱运用概念进行分析、判断和推理；有的学生善于运用视觉通道（读与看），有的学生倾向于运用听觉通道（如听讲、听广播），也有的学生喜欢运用动觉通道（动手做一做或自己说一遍）。

学习倾向包括学习情绪、态度、动机、坚持性以及对学习环境、学习内容等方面的偏爱。比如，有的学生必须在绝对安静的环境中才能专心学习，而有的学生却喜欢在音乐的陪伴下学习，还有的学生能够在嘈杂的环境中有效地工作和学习；有的学生为获取家长许诺的奖励而学习，有的学生却能够从学习的过程中感受到乐趣；有的学生喜欢在竞争中学习，也有的学生偏爱合作学习。

（二）学习方式的分类

对于学生的学习方式可以从不同的角度进行划分。最为常见的是按学习进行的形式将其划分为接受学习和发现学习。在接受学习中，学习内容是以定论的形式直接呈现出来的，学生是知识的接受者。在发现学习中，学习内容是以问题形式间接呈现出来的，学生是知识的发现者。发现学习与探究学习、研究性学习在性质上都是一样的，相对于接受学习来说，它们只是在适用范围和层次上有一定的区别。

学习也可以根据学习者对整个学习过程的控制程度划分为自主学习和他主学习。自主学习一般是指个体自觉确定学习目标、制订学习计划、选择学习方法、监控学习过程、评价学习结果的学习，它体现了人的主体性、能动性、独立性的一面。他主学习则与之相反，体现人的客体性、受动性、依赖性的一面。

学习还可以根据新旧知识经验相互作用的情况划分为意义学习和机械

学习。所谓意义学习即我们通常所说的在理解基础上进行的学习，它意味着新旧知识经验的相互作用和整合。而机械学习就是我们通常所说的死记硬背式的学习，在这种学习过程中，因为学习者自身或学习材料的原因，学习者无法达成对学习材料的理解，而学习材料也无法产生其心理意义。

此外，就组织形式而言，学习又可以划分为独立学习与合作学习。合作学习是指学习者为了完成某些共同任务，在明确责任分工的基础上以小组或团队的形式进行的学习。独立学习则是指由个体独立进行的学习。

二、辩证看待各种学习方式

（一）不同学习方式之间的关系

对于上述学习方式的划分，我们分类的角度和依据的标准并不相同，相应地，不同类别的学习方式之间不应该、也不会存在什么对应关系。上述任何一种学习方式与其他的学习方式之间都是一种交叉关系，在不同学习方式之间画等号的观点是错误的。例如，自主学习并不等同于意义学习或机械学习，也不等同于接受学习或发现学习，更不等同于独立学习或合作学习。同样道理，接受学习并不一定是机械学习或他主学习，发现学习也并不一定就是意义学习或自主学习。

（二）不同学习方式与学习的有效性

上述任何一种学习方式都是客观存在的，也都有其存在的合理性。我们必须认识到：新课程倡导"主动、探究、合作"的学习方式，并不意味着只有自主学习、探究学习或合作学习才是有效的学习。我们不能简单地肯定一种学习而否定另一种学习，更不能武断地下结论说所有有效的学习都是自主学习或是其他某种类型的学习。学生的学习应因时、因地、因人制宜，并不存在固定不变的唯一有效的学习方式。即便是绝大多数人一直持否定态度的机械学习，在有些情况下对于促进学生的身心发展也是有效的和必要的，而不是仅能用以应付考试和作业。学生的年龄越小，他们已有的知识经验越少，学习过程中对新知识理解的余地越小，那么意义学习的比重就越小，其学习中机械的成分就越多。但我们不能就此断定这是无效的学习。

（三）关于"主动、探究、合作"的学习方式

我们过去的学校教育中存在着一些弊端：课程实施过于强调接受学习、

死记硬背、机械训练。实践中的这些做法导致学生的主体性、能动性、独立性不能得到充分的发挥，扼杀了学生的创新精神和实践能力。改变这种现状的办法只有一个，即倡导"主动、探究、合作"的学习方式，引导学生主动参与、乐于探究、勤于动手，培养学生搜集和处理信息的能力、获取新知识的能力、分析和解决问题的能力以及交流与合作的能力。但是，改革不能走极端，倡导"主动、探究、合作"的学习方式并不意味着对其他学习方式的彻底否定，我们谋求的是不同学习方式之间的平衡，寻求的是不同学习方式之间的一种最佳协合状态，以求更好地促进学生的发展。强调主动学习是针对学生过去过分被动的学习而言的。它强调学习者要有学习的动力，学习活动应基于强烈的学习兴趣、动机或对学习意义的深刻认识。

主动学习应该是探究、合作学习或一切有意义的学习的前提。强调探究学习是针对过去被动接受的学习而言的，旨在通过让学生亲历并体验探究过程，使他们能在深入思考和交流讨论中获得感悟与深入理解，但它并不排斥探究以外的学习方式。强调合作学习是针对学生过去学习中缺乏合作而言的。在教育实践中应强调合作与独立并重，合作应以独立为基础，既要培养学生的合作精神和合作的技能技巧，又要培养学生的独立思考能力。

学习方式非常重要，它决定了一个人的思维方式，最后会成为一个人的生活方式。对"主动、探究、合作"学习方式的倡导充分体现了"以人为本"的思想，着眼于学生的充分发展。实际上，新的学习方式不仅会对学生的发展产生影响，也会对教师的发展产生不可估量的影响，因为学生学习方式的转变是以教师教学行为的转变为前提的。

（四）正确理解"接受学习"

我们在提倡自主、合作、探究的学习方式的同时，并不意味着要完全放弃接受学习。接受学习现在和以后也仍然有存在的意义和价值。

以听讲、记忆、模仿、练习等为特征的接受学习，其主要作用在于引导学生在尽可能短的时间内获得尽可能多的知识和技能，它并不必然导致学习过程的枯燥与机械。在中小学课程中，有许多陈述性的、事实性的知识运用接受学习的方式更为有效。接受学习既有其优点，也有其缺点。它的学习内容是以定论的形式直接呈现出来的，学生是知识的接受者。这就意味着，接受学习有其强调接受和掌握的被动的一面。长期地过于强调单一的接受学习，其结果必然导致人的主体性、能动性、独立性的不断销蚀、冷落和忽视发现与探究。对学生来说，长时间的学校生活，如果主要以听讲、记忆、模仿、练习等方式学习的话，就不可能指望他们能够独立思考、富有个性、充满自信或具有强烈的社会责任感。

应该改变这种状态，引导学生理解知识的意义，发展创造性，形成积极的学习态度和正确的价值观，把自主、合作、探究这些对人的成长很重要但曾经被忽略的东西凸显出来，变成教师的自觉追求，使学生的学习过程更多地成为学生发现问题、提出问题、分析问题和解决问题的过程。即使是采用接受学习方式，也要尽力把这样的学习变得有意义、有价值。不要消极、机械，尽量减少它的负面影响，避免挫伤、损害学生的好奇心和探究欲望。尤其是要创造一个安全、良好的课堂氛围，师生平等、民主地进行对话，让学生在愉悦、积极的心态中接受新知识。

三、现代学习方式的特征

转变学习方式从根本上说就是要从传统学习方式转向现代学习方式。但现代学习方式不是特指某一具体的方式或几种方式的总和，从本质上讲，现代学习方式是以弘扬人的主体性为宗旨、以促进人的可持续性发展为目的、由许多具体方式构成的多维度、具有不同层次结构的开放系统。认识和把握现代学习方式的本质特征是我们创造性地引导和帮助学生进行主动的、富有个性的学习的重要保证。一般说来，现代学习方式具有以下六个特征。

（一）主动性

主动性是现代学习方式的首要特征，它对应于传统学习方式的被动性，二者在学生的具体学习活动中表现为：我要学和要我学。"我要学"是基于学生对学习的一种内在需要，"要我学"则是基于外在的诱因和强制。学生学习的内在需要一方面表现为学习兴趣。兴趣有直接或间接之分，直接兴趣指向过程本身，间接兴趣指向活动结果。学生有了学习兴趣，特别是直接兴趣，学习活动对他来说就不是一种负担，而是一种享受、一种愉快的体验，学生会越学越想学、越爱学，有兴趣的学习事半功倍。相反，如果学生对学习不感兴趣，情况就大相径庭了，学生在被逼迫的状态下被动地学习，学习的效果必定是事倍功半。另一方面表现为学习责任。学习是谁的事情，谁应当对学习承担责任？教师当然应该对学生的学习负责，但是如果学生自己意识不到学习的责任，不能把学习跟自己的生活、生命、成长、发展有机联系起来，这种学习就不是真正的自我学习。只有当学习的责任真正地从教师身上转移到学生身上、学生自觉地担负起学习的责任时，学生的学习才是一种真正的有意义的学习。

（二）独立性

独立性是现代学习方式的核心特征，它对应于传统学习方式的依赖性。如果说主动性表现为"我要学"，那么独立性则表现为"我能学"。每个学生，除有特殊原因外，都有相当强的潜在的和显在的独立学习能力。不仅如此，每个学生同时都有一种独立的要求，都有一种表现自己独立学习能力的欲望，他们在学校的整个学习过程也就是一个争取独立和日益独立的过程。低估、漠视学生的独立学习能力，忽视、压制学生的独立要求，从而导致学生独立性的不断丧失，这是传统教学的弊端。教师应充分尊重学生的独立性，积极鼓励学生独立学习，并创造各种机会让学生独立学习，从而让学生发挥自己的独立性，培养独立学习的能力。值得强调的是，对待学生的独立性和独立学习，还要有一种动态发展的观点，从教与学的关系来说，整个教学过程是一个"从教到学"的转化过程，也即从依赖到独立的过程。在这个过程中，教师的作用不断转化为学生的独立学习能力；随着学生独立学习能力的由弱到强、由小到大的增长和提高，教师的作用在量上也就发生了相反的变化，最后是学生基本甚至完全的独立。

（三）独特性

每个学生都有自己独特的内心世界、精神世界和内在感受，有着不同于他人的观察、思考和解决问题的方式。也就是说，学生有着独特的个性，每个学生的学习方式本质上都是其独特个性的体现。实际上，有效的学习方式都是个性化的，没有放之四海皆有效的统一方式，对某个学生有效的方式，对他人却未必如此。正如多元智力理论所指出的，每个人的智慧类型不一样，他们的思考方式、学习需要、学习优势、学习风格也不一样，因此每个人的具体学习方式是不同的。这意味着我们要提倡转变学习方式，要尊重每一个学生的独特个性和具体生活，为每个学生富有个性的发展创造空间。独特性因此成为现代学习方式的重要特征。

独特性同时也意味着差异性，学生的学习客观上存在着个体差异，不同的学生在学习同一内容时，实际具备的认知基础和情感准备以及学习能力倾向不同，决定了不同的学生对同样的内容和任务的学习速度和掌握它所需要的时间及所需要的帮助不同。传统教学忽视学生学习的个体差异，要求所有学生在同样的时间内、运用同样的学习条件、以同样的学习速度掌握同样的学习内容，并要求达到同样的学习水平和质量。这种"一刀切""一锅煮"的做法，致使很多学生的学习不是从自己现有的基础出发，结果导致有些学生"吃不饱"，有些学生"吃不了"，有些学生根本不知从何"入口"。现代学习方式尊重学生的差异，并把它视为一种亟待开发和利用的教育教学资源，努力实现学生学习的个体化和教师指导的针对性。

（四）问题性

问题是科学研究的出发点，是开启任何一门科学的钥匙。没有问题就不会有解释问题和解决问题的思想、方法和知识，所以说，问题是思想方法、知识积累和发展的逻辑力量，是生长新思想、新方法、新知识的种子。学生学习同样必须重视问题的作用。现代教学论研究指出，从本质上讲，感知不是学习产生的根本原因（尽管学生学习是需要感知的），产生学习的根本原因是问题。没有问题也就难以诱发和激起求知欲，没有问题，感觉不到问题的存在，学生也就不会去深入思考，那么学习也就只能是表层和形式的。所以现代学习方式特别强调问题在学习活动中的重要性。一方面强调通过问题来进行学习，把问题看作学习的动力、起点和贯穿学习过程中的主线；另一方面通过学习来生成问题，把学习过程看成是发现问题、提出问题、分析问题和解决问题的过程。这里需要特别强调的是问题意识的形成和培养。问题意识是指问题成为学生感知和思维的对象，从而在学生心里造成的一种悬而未决但又必须解决的求知状态。问题意识会激发学生强烈的学习愿望，从而注意力高度集中，积极主动地投入学习；问题意识还可以激发学生勇于探索、创造和追求真理的科学精神。没有强烈的问题意识，就不可能激发学生认识的冲动性和思维的活跃性，更不可能激发学生的求异思维和创造性思维。总之，问题意识是学生进行学习，特别是发现性学习、研究性学习的重要心理因素。

（五）合作性

合作是现代人必须具备的基本品德。在学习的过程中有意识地培养学生的合作精神和合作能力，不仅是解决学习问题的需要，也是为学生走向社会成为合格的社会公民的需要。学习的合作性一方面表现为遇到个人难以解决的问题，需要同学之间相互帮助来解决；另一方面，在相互合作的过程中，让学生体验到人与人之间的依赖性和帮助性，合理的分工，共同的奋斗目标，有助于提高学习和工作的效率，有助于增强同学之间的感情。

（六）体验性

体验是指由身体性活动与直接经验而产生的感情和意识。体验使学习进入生命领域，因为有了体验，知识的学习不再是仅仅属于认知、理性范畴，它已扩展到情感、生理和人格等领域，从而使学习过程不仅是知识增长的过程，同时也是身心和人格健全发展的过程。体验性是现代学习方式的突出特征，在实际的学习活动中，它表现为：

第一，强调身体性参与。学习不仅要用自己的脑子思考，而且要用自己的眼睛看，用自己的耳朵听，用自己的嘴说话，用自己的手操作，即用自己的身体去亲自经历，用自己的心灵去亲自感悟。这不仅是理解知识的需要，更是激发学生生命活力，促进学生生命成长的需要。基于此，应特别强调学生参与，强调"活动"，强调"操作"，强调"实践"，强调"考察"，强调"调查"，强调"探究"，强调"经历"。

第二，重视直接经验。重视直接经验，从课程上讲，就是要把学生的个人知识、直接经验、生活世界看成重要的课程资源。从教学角度讲，就是要鼓励学生对教科书的自我解读、自我理解，尊重学生的个人感受和独特见解，使学习过程成为一个富有个性的过程。从学习角度来说，就是要把直接经验的改造、发展作为学习的重要目的，间接经验要整合、转化为学生的直接经验，成为学生素质的有机组成部分，否则，就会失去其教育意义和发展人的价值。

显然，上述六点特性不是截然分开的，而是相互联系、相互包含的，它们虽是从不同的角度提出的，却是一个有机的整体。我们正是必须从整体的高度来全面把握现代学习方式的精神实质，唯其如此，才能有效地促进学生学习方式的转变。

第二节　信息时代学习方式的新转变

人类学习方式的演变发展有三个里程碑：文字的出现、印刷术的产生、信息时代的到来。信息时代的今天，国际化程度越来越高，大学生学习方式有了新的特殊之处，网络已经成为生活中不可或缺的一部分，网上冲浪、多媒体教学学习成为经常性的活动，英语学习成为大学生活永不褪色的记忆。高达 87．6%的学生认为互联网在改变我们的学习方式。

一、从图书馆查阅到互联网搜索

网络时代最为重要的变化是获得信息的途径的发展变化，网络传播学者认为正是这一变化直接影响人们学习、生活本身。大学生获得考前复习的课程资料、完成作业的专业素材、准备撰写毕业论文的参考文献大多不是在图书馆获取，而是身在寝室利用互联网在学校图书馆数据库、网站、论坛里直接搜索而来。笔者认为这一转变对于大学生学习带来了至少以下三方面的影响：

（一）拷贝文字对大学生创新能力的影响

由于计算机编写文体的便利性以及网络的海量信息，大学生在完成课后作业以及课程论文时广泛地使用拷贝文字组建成篇的方法，这种现象非常普遍甚至教师批阅学生作业时经常发现存有灰色背景、字体混乱、简单格式错误。在学术界已经广泛使用的"查重"软件就是应对过多抄袭事件对整个学界的负面影响，而在大学教学中相对而言惩罚抄袭行为过轻，学生作业设置包括论文作为平时分对期末考试修正，而非硬性的标准。直接拷贝加上简单组合的方式会造成大学生应付教师的课后作业，不仅影响教学效果，也促使大学生进一步养成上网复制综合成文的学习方式，不会对所需掌握的知识有深度了解，更不会在学习过程产生"问题"，而在问题的指引下自发地进行学习。因而这样的"学习过程"是难以谈及大学生的创新能力。

值得注意的是大学生"直接拷贝"的学习方法对于创新能力存在负面影响，但并不是说大学生的没有创新意识，结果恰恰相反，任何时期下青年人群都具有不可低估的求新和创新心理势能。但纵观这两年网络流行的"淘宝体""咆哮体""甄嬛体"，都曾热闹纷繁但也都很快烟消云散，究其原因笔者认为有两个方面：第一，创新来源的根基不够，虽然形式新颖、吸引眼球、引起跟风，但终究限于一时流行而并未展现出足够的文化底蕴；第二，够"新"但不够"创"，与"拷贝而成文章"的思路相同，网络上直接拿来现成的稍加改动即引起大批跟风创作者，这种流行快餐文化的实质也就是大学生运用网络学习中"拷贝成文"现象的深层原因。正如尼古拉斯·卡尔所担心的一样："当我们依赖网络获取信息时，思考力和创造力就会衰退，并因此变得浅薄。"大学生受到这种互联网浮躁之风影响，势必影响创新能力的增长。

（二）读图认知对大学生文字使用能力的影响

随着电脑与网络技术的发展，可以迅速在网页上直接阅览高清图片，可以说互联网技术推动了大众对图像的阅读，而越来越多的"有图可证"和"由图可知"的视觉追求进一步促使互联网走进"读图时代"，呈现"大众化、流行化、普及化和娱乐化"特征，给人以"世界被把握为图像"的感觉。大学生受此影响，倾向于直观、简洁、清晰的图片认知而逐渐疏离经典而深刻的文字，不仅会对不常用的汉字无法辨识，甚至常见字也可能提笔忘字，更加之网络交流和文字编辑使用的拼音输入法，这样对使用汉字能力势必造成深远的负面影响。庆幸的是有关学者和传媒也注意到这一严峻的发展势头，中央电视台开设的《汉字英雄》听写竞赛栏目就是对此反思后的举措。

读图方式不断流行并未能引起学者的广泛关注是因为有人坚持认为图像和文字的阅读都需要思考，不是文字阅读就是抽象与深刻而图像阅读就代表着形象与浅显。对于大众而言，读图即使是有些快餐化但仍能获得知识，适合生活快节奏的人们进行阅览。但大学生也热衷于"一次性消费的文化快餐"，没有获得文字阅读的思考拷问和审美想象，则会"严重制约学生的人文素质的提高"。在快节奏、高速发展的今天仍鼓励大众去读原著、读经典，而大学则更有理由引导学生从娱乐与休闲型阅读回到原著中去找寻原意，提高自身的文字使用能力。

（三）浅快阅读对大学生思维逻辑能力的影响

福罗拜曾说："阅读是为了活着。"阅读作为苏霍姆林斯基总结的五大学习技能之一，理应受到足够注重。随着网络的普及以及阅读习惯的改变，有学者认为中国进入了"浅阅读"时代，即"从文字阅读走向视觉阅读，从知识阅读走向娱乐阅读，从纸媒阅读走向网络阅读"。而针对于大学生情况，为完成学业以及拓宽知识而进行的阅读主要呈现"浅"和"快"的特点，"浅尝辄止"式的阅读曾在大学生阅读调查中被发现并引起有些学者的注意，而大学生为完成每一个课程或兴趣使然进行的阅读主要体现出时间上的集中、不查阅相关文献进行比较、快速一过性的特点。这种跳跃式的、快速、浅度的阅读方式无法培养大学生严谨的思维逻辑能力，也"不利于对科学精神特别是批判性思维的培养"。林语堂曾经指出读书为了获取资格、俸禄和名声，"都是借读书之名，取利禄之实，非读书本旨"。想让大学生阅读向"知识型、研究型"方向发展，必定要更加注重文本阅读而不能过多依赖纯信息的网络，更不能因为功利性学习态度采用浅快的阅读方式。

二、从现实的讨论到虚拟的交流

由于网络交往的"平等性、匿名性、间接性、超时空性"，利用网络工具进行人际交往成为大学生首选的方式，并开始影响其学习方式。大学生学习方面的问题多利用即时通讯传递文件、讨论与分析，不在现实世界中面对面进行交流。首先这样快捷方便的交流方式更能突破空间、时间的限定，提高讨论问题的效率，是网络带来的巨大变化。网络课程资源如此丰富，大学生可以获取世界任何上网的优质课程教学视频，学生完全可以在虚拟环境下进行讨论，但是现实教学的意义并未被质疑，课堂也并未被网络取代，是因为现实教学中具有的人际传播意义是纸质传播和网络新媒体传播所无法替代的。如果回忆"睡在我上铺的兄弟"，更多是关于大学生活里那份淡淡的忧愁，但"忆峥嵘岁月，恰同学少年"，同窗之情则多是学习上面临共同的问题彼此交流思想、共同进步的情感。因为在人际传播过程中传递的不仅是说话的内容，还有很重要的由身体语言、语气、语调传递的信息，心理学家艾伯特•梅拉比安的研究证明，人与人交流，"7%靠语言，38%靠声音，而55%则都是靠身体语言"，这是网络交流中文字表达以及图片表情无法达到的。

三、从找寻信息到辨别信息

相对于网络硬件使用差异的"第一鸿沟"，使用网络能力的差异被称为"第二鸿沟"，上述讨论的网络使用对大学生学习方式的负面影响实际上都可以归为使用网络能力方面。作为新媒体的网络正是弥补了传统媒体所欠缺之处而逐渐被大众接受并得到迅速发展，传播学者甚至曾不无惊叹地认为是网络推进了麦克卢汉"地球村"预言的实现速度，网络是未来媒介发展的主力军。但是势不可挡的网络并没有成为传统媒介尤其是纸质媒体的"终结号"，因为纸质媒体蕴含着网络无法替代的优势，纸质资料给予的知识更成系统、更加完备、也具有一定深度，有利于大学生进行专业性知识的学习。

大学生运用网络进行学习时，可在网络上直接搜索，获得成千上万的相关网页链接，利用超链接功能瞬间即可获得一个网站的浏览结果。比传统的查找资料的方式显然更能节约寻找的时间。但是面对海量信息的网络却需要辨别哪一条才是有用的信息，在这个环节上往往会浪费更多的时间和精力成本。另外虽然网络上获取信息是免费的，但是网站为了生存往往会在界面上加推广告和其他信息的链接，无形中会造成搜索的难度。

四、多媒体教学学习

基于网络技术应用的多媒体教学，即计算机辅助教学（Computer Assisted Instruction，即 CAI），指利用多媒体计算机，综合处理和控制符号、语言、文字、声音、图形、图像、影像等多种媒体信息，把多媒体的各个要素按教学要求，进行有机组合并通过屏幕或投影机投影显示出来，同时按需要加上声音的配合，以及使用者与计算机之间的人机交互操作，融交互性、集成性、可控性等特点于一身。多媒体教学图文并茂、灵活生动，改变了传统的教学方式，有助于学生接受新知识，学生喜闻乐见，70.2%的学生对多媒体教学持赞成的态度。然而，另一方面，也有 29.8%的学生认为多媒体教学没有太大用途，甚至限制学生的思维。

多媒体教学具有传统教学所不能比拟的优越性，这一点毋庸多言。然而，怎样做到多媒体与教学科学有机地结合，发挥其最大效能，避免或消除它的消极作用呢？大学生有着自己的看法和期待。走访中，同学们倾诉了对多媒体教学的看法。首先，多媒体教学在语言、态势等表达方式上有一定的局限性。有的教师在授课时，只忙于坐在电脑前点鼠标，忽视了师生之间的情感交流。从心理学的角度看，学生在学习过程中一般有两个心理过程：一是认知过程，二是情感过程。若单纯强调某一过程，只会事倍功半。其次，课件不尽如人意。由于教师工作量大，备课时间紧，在制作多媒体课件方面需要花费的精力难以保证，疲于应付下的作品界面与流程过于单调呆板，有的甚至只是简单地把所讲内容的提纲展现在大屏幕上。再次，教学设备维护不到位。多媒体设备是由计算机、投影机、音响系统和网络系统等多种高科技设备组合起来的，如果使用不当或保养不到位，经常会遭遇计算机病毒侵袭、音响故障频出等，影响正常的教学秩序。对多媒体教学这把双刃剑，同学们的喜爱远远超于批判，这就要求我们要从实际出发，根据学生接受知识的客观规律，正确看待其利弊，努力做到扬长避短，不断探索优化教学过程的新措施，总结出最有效的使用方法，进而提高教学效果。

第六章 学习方式对高校学生的影响

第一节 学习方式对大学生成长成才的影响

学习是一种社会性活动，学习方式从根本上说是人的思维方式、生活方式的反映。作为学习方式的重要组成部分，学习目的、学习态度、学习方法等，无不对大学生的成长成才产生着影响。

一、学习目的的影响

学习目的是大学生根据自身的需要，借助意识、观念的中介作用，预先设想的行为目标和结果。作为观念形态，学习目的反映了大学生对学习这一客观事物的实践关系。大学生的学习实践活动以目的为依据，目的贯穿学习实践过程的始终，对大学生成长成才产生深远影响。

（一）影响大学生的学习兴趣

对所学专业没兴趣的大学生恰是那些学习目的不清楚的大学生。大学生对学习目的的认识越深刻，他们的学习兴趣就会越强烈，学习积极性就越高。

具有明确学习目的的学生，其学习动机是积极的，求知欲望是强烈的。即使大学生对某些学习内容缺乏直接兴趣时，也会出于对国家、对社会、对学校的现状而产生间接兴趣，这种间接兴趣在长期的刻苦学习过程中又会转化为直接兴趣。比如一些学农的大学生，刚进入大学时并不喜欢农学，可是当他们认识到我国是一个农业大国但不是农业强国、当前国家非常重视"三农"问题后，出于强烈的使命感和责任感，他们先对农学产生了间接兴趣。随着收集有关资料、自觉参加实践活动，最后对农学产生了浓厚的直接兴趣。

（二）影响大学生的发展水平

刚进大学时，大学生智力、学历、所处环境等客观条件都差不多。然而，四年的大学生活却能使大学生们拉开很大的距离。这就是学习目的的影响结果。

明确的学习目的和强烈的动机可以驱使大学生超越诸多困境，无需扬鞭自奋蹄。用简单的数学知识来说，两点之间，直线最短。假设以相同的速度行进，如果一个人看到明确的目标，他就会努力以直线前进，而很快到达他的目的地；而如果一个人没有看到目标，他就会像在浩瀚沙漠中完全凭着感觉在摸索，曲折前行，而且最终可能发现，自己又回到了起点，或经过多年的辛勤努力后，却两手空空，一无所获。学习目的就像分水岭一样，轻而易举地把资质相似的大学生分成为多数的佼佼者和少数的平庸之辈。佼佼者我的学习我做主，平庸之辈却随波逐流虚度美好大学生活。

二、学习态度的影响

学习态度，是大学生在自身道德观和价值观基础上对学习及其学习情境所表现出来的一种比较稳定的心理倾向，由认识、情感和意向三种心理成分构成。学习态度的三种心理成分协调作用于大学生的学习过程，影响大学生的学习意志、学习行为和学习效果等。

（一）影响大学生的学习意志

学习是一种有意识、有目的、有理性的主动行为，推动其深入的力量是自身的，意志一旦形成，将成为永恒的内驱力。大学生的学习意志与他们的学习态度密切相关。对所学专业非常感兴趣和比较感兴趣的大学生认为学习有意义，当他们在学习中遇到这样或那样的困难与阻力，即遇到挫折时，就会产生一种自我控制的意志的力量。这是一种仰之弥高、钻之弥坚的狠劲，是锲而不舍的恒心，是"为伊消得人憔悴，衣带渐宽终不悔"的痴心，是"不破楼兰终不还"的决心，掌握了意志力量的大学生表现出吃苦耐劳、百折不挠和勇往直前的精神和求知的自觉性、探索的顽强性。相反，对所学专业不太感兴趣和没兴趣的大学生发现不了学习的魅力，一旦在学习中遭受失败，意志力就会降到低点，往往表现出灰心丧气，甚至一蹶不振。对所学专业兴趣一般的大学生则表现平平。

（二）调节大学生的学习行为

大学生的学习态度对他们的学习行为具有调节作用。一方面，这种调节作用表现在大学生对学习对象的选择上。在"除了本专业的知识外，课外最喜欢读哪方面的书刊"的调查中，与大学生既存态度相吻合的材料，容易被吸收、同化、记忆，而与大学生的信念、价值观违背的材料，则容易被阻止或歪曲。由此可见，态度具有某种过滤的作用。另一方面，学习态度调节学习行为，还表现在大学生对学习环境（包括学术环境、实用环境和人际环境）的反应上。当大学生在学习态度与学习环境上保持一致时，就积极努力地学习，主动地利用学习环境作为自身发展的重要资源。但如果有些大学生由于某些原因对学习环境产生不良态度时，则会回避学习环境并产生不利于学习的不良行为，如厌学、逃课等。

（三）影响大学生的学习效果

大学生的学习态度不仅直接影响学习行为，而且还直接影响着学习成绩。积极的学习态度对学习有明显的促进作用。能正确对待学习、学习态度积极向上的学生，上课注意听讲，按时完成作业，课余时间安排科学合理，把学习演奏成大学生活的主旋律，学习成绩优良，能力素质协调发展。相反，那些对学习不感兴趣，认为学习无用的大学生，课堂行为问题多，业余生活稀里糊涂，学习成绩也差。学生学习态度的好坏与其学习效果密切相关。在学校情境里，如果其他条件基本相等，学习态度好的学生，其学习效果总是远胜于学习态度差的。

三、学习方法的影响

正确的方法是成功的捷径。大学生进入大学后碰到的一个普遍问题，就是学习方法的不适应。可以说，谁能最快适应大学学习方法，谁就能尽快适应大学生活。可见，学习方法对大学生成长成才的影响之大。

学习方法并没有统一的规定，因个人条件不同，选取的方法也不同。为了深入了解学习方法与大学生学习成绩的关系，笔者随机查阅了部分代表性学生的成绩登记表，并与其中的一些学生取得了电话或者网络联系。调查发现，不同的学习方法各有千秋。

（一）探究性学习的影响

大学生在学习阶段多参与科研活动，是培养创造力的有效途径，它有助于加深对知识的理解和应用，也有利于创造习惯和创造能力的培养。这就是探究性学习对大学生的影响，即让大学生主动地去探索、发现和体验，学会对信息进行收集、分析和判断，去获取知识、应用知识、解决问题，从而增强思考力和创造力，培养创新精神和实践能力。

（二）合作性学习的影响

合作性学习是合作认知、合作情感、合作技能与合作行为在学习过程中的具体表现与运用。而合作是人类相互作用的基本形式之一，是人类社会赖以存在和发展的重要动力。合作性学习能促进智力放大、思维共振、提高学习效益，同时，在学习知识锻炼能力的过程中，有助于大学生合作精神和团体意识的培养，促进大学生智力和非智力素质的和谐发展。

（三）体验性学习的影响

体验性学习使大学生通过反复观察、实践、练习，对情感、行为、事物内省体察，最终认识到某些可以言说或不能言说的知识，掌握某些技能，养成某些行为习惯，以至形成某些情感、态度、观念，让大学生充分地思考与体验自己的认知活动，唤起高度的情感，有效地维持、监控和调节学习行为，有效地增进大学生的发展。

（四）交往性学习的影响

集体的力量是不容忽视的。交往性学习是大学生在实践的基础上，通过学习客体进行知识、情感、态度、信念的交流与对话，从而形成相互理解与非强迫性共识的行为。在日常的交往过程中，通过互动交流，大家相互鼓励、雁阵齐飞，这正体现了交往性学习对大学生成长的重要影响。

（五）自主性学习的影响

不管是在哪方面学有所成的大学生，他们在学习方法方面都有一个共同点，即都很注重自主性学习。他们通常通过多种手段和途径，进行有目的、有选择的学习，学习成绩较为优秀。独立自主的学习意识是人天生的一种把个体推向生活和事业成功、把社会推向发展进步的能动力量。但是，只有掌握了自主性学习方法的大学生才能把这种力量转化为前进的推力。俗话说："授人以鱼不如授人以渔。"自主性学习有利于大学生不断提高自己的学习能力和对学习的自我调控能力，并为终身学习奠定良好的基础，既有利于大学生自身的发展，同时也符合社会发展的要求。

总的来看，一方面，探究性学习、合作性学习、自主性学习、体验性学习和交往性学习等新型学习方法基本上是以人为本的学习方法，充分发挥了教师和大学生的主动性和创造性，能够激发大学生的学习兴趣，有利于培养大学生的独立性和独特性，有利于培养大学生的逻辑思维和创新思维,有利于培养大学生的动手能力和实践能力,有利于培养大学生的分析和综合能力。另一方面,这些学习方法在教学实践中还存在着有待于进一步改进的地方,例如合作性学习过多注重形式而不注重内容等。这些学习方法之间的关系是交互渗透、互相利用又互为他用的。

新型学习方法有其独特的魅力,传统的学习方法也有其积极作用,不能一概而论。如背诵这一机械的学习方法能在短时间内让大学生存储大量的理论知识,做作业、听讲等传统的学习方法仍然是大学生认为最有效的学习方式之一,特别是对自制力不强的大学生具有一定的约束力,有助于他们完成最基本的学习任务,对大学生的成长产生积极影响。因此,在引导大学生优化学习方式的过程中,要注意过犹不及的问题。

第二节 学习方式对不同群体大学生的影响

不同的学习方式对大学生成长成才有着不同的影响,而这些影响又因性别、年级、专业等的不同而存在着或多或少的差别。

一、性别差异

传统观念认为,女孩子不如男孩子聪明,在校大学生的性别比例就是最好的证明。然而,随着社会的发展变迁,中国高校在校大学生的性别已经出现明显变化,女生所占的比重大幅增长。近年来,我国高校男女毕业生的数量在不断增长的同时,性别之间在数量上的差距也日益缩小,女大学生与男大学生在就业市场上的比例基本持平。从大学毕业生的数量上来看,2004年,男性是140万,女性是116万,男性比女性高9个百分点,但是到2015年,男性是282万,而女性接近278万,两者只相差了1个百分点。男、女生的分布与专业有明显关系,师范类院校、财经类院校、医学类院校的女生要多于男生,综合类大学男女生比例比较接近,而农业类院校、理工类院校则是男生明显多于女生。

不同性别的个体在学习过程中,某种程度上表现出性别角色的区别:
(一)学习目的
总的来说,男生与女生都有着比较明确的学习目的,但是也存在着不显著的差别。在学习目的的认识问题上，女生比男生头脑更清醒些，不清楚学习目的的男生比女生高出 1 个百分点还要多；在最主要的学习目的上，他们的选择次序是一致的，依次是找个好工作、改变家庭经济状况、提高自身素质、报效祖国、为家争光，但是女生想找个好工作的愿望相比男生要强烈许多，也许这与时下就业的性别歧视不无关系；男生和女生在家庭责任感和自我发展意识方面都不相上下，比例分别在 23% 和 20% 左右；相比之下，男生志向远大者和持有光宗耀祖思想的人数更多，比例分别几乎是女生的 3 倍和 2 倍。

（二）学习态度

学习目的的差别也决定了学习态度的差别。传统观念认为，女生更勤奋些。但是男生在勤奋度上并不比女生逊色。在每天课余学习时间方面，在 1 小时以下的男生比例比女生要高出近 30 个百分点，而 3～4 个小时以及 4 小时以上的男生比例则都比女生高出 20 多个百分点。可以看出，男生学习时间分化较大，女生则较为集中在 1～3 个小时之间。在平时的学习过程中，男生和女生"课前预习、上课听讲、课下复习""课前预习，上课再听不理解的重点内容"和"上什么听什么"的比例基本相差无几；然而，在"上课听讲，课下完成作业"的选项上，女生比例是男生的 1.4 倍，在"很少听讲，主要靠自学"的选项上，男生比例则是女生的 3.5 倍。并不是男生和女生哪个学习态度更积极主动，只是他们的表现形式不同而已。

（三）学习方法

由于生理和心理发展有性别差异，男生和女生在学习方法的倾向性上也有差别。在最有效的学习方式的看法上，男女生表现出高度的一致性，可谓英雄所见略同。男生和女生都喜欢合作性学习和交往性学习。然而，在课堂上最喜欢的学习方式上，男生明显倾向于自主性学习方式，而女生则更青睐探究性学习方式；经常进行体验性学习的男生比例要显著高于女生。如在英语的学习上，男生由于逻辑思维及空间能力强，不喜欢语言的机械记忆；而女生感知性、机械记忆较强，言语能力佳。因此，女生对英语学习的兴趣更为浓厚，且相对比男生学得好。

调查还显示，女生的整体学习成绩要高于男生。而在成绩较好的学生中，女生也占优势。奖学金获得率是一个很好的证明。相较于男生而言，女生在大学期间获得专业奖学金、国家奖学金、省政府奖学金和其他奖学金的比例更高些。

总之，当代大学生除了由于男女的生理、性格特点所形成的某些差别外，表现在综合素质上的性别差异已明显弱化，他们在学会做人、学会做事、学会做学问以及学会对社会的适应等方面，已基本趋向一致。这种一致性必然会导致男、女大学生走向社会后面对各种挑战与机遇时也将会有同等的机会，在竞争中，社会性别不公平现象必然会逐步消失。

二、年级差异

学习方式与认知水平密不可分，不同年级的大学生在学习方式方面也有不同程度的差别：

（一）学习目的

随着对大学生活的了解日益明确，从大学一年级到四年级不清楚学习目的的学生比例逐年递减。然而，三年级的大学生中却有部分出现了暂时的迷茫，不清楚学习目的学生比例高达 5.3%，高于平均水平两个百分点。这是因为三年级学生有了两年的大学体验，而未来的就业压力似乎还比较遥远，所以部分学生暂时模糊了奋斗目标。与日益严峻的就业形势相呼应的是，随着年级的增高，大学生"找个好工作"的愿望越来越强烈，一年级学生比例为 32.5%，四年级比例直逼 60%。同时，随着年级递增，大学生的学习目的越来越指向自我。

（二）学习态度

不同年级的大学生在对待学习的态度上差别明显，一年级和四年级的大学生最为勤奋，三年级次之，最后是二年级。每天的课余学习时间在 1～2 个小时和 2～3 个小时的，各年级的学生比例基本持平。可见，60%～70% 的学生自始至终都对学习保持着比较积极的态度。然而，在 1 小时以下、3～4 个小时和 4 个小时以上的学生比例差别较大。每天的课余学习时间在 1 小时以下的一年级最少，四年级次之，二年级最多。这是因为一年级学生高中时代的冲劲儿尚有余温，加上还不完全熟悉大学生活，社交圈尚未完全建立，所以业余生活还是以学习为主；二年级的学生中，有的走上了学生干部的领导岗位，有的成长为社团骨干，大量的业余时间就被占用了；到了三年级，同学们之间的差距明显拉大，有的学生成绩优秀，大学英语六级已经顺利通过，并拿到了计算机等级证书，而有的学生成绩已经亮起了红灯，大学英语四级也是几次达不到及格线，因此原来相对投入到学习中精力较少的学生压力增强，也开始勤奋起来；四年级的学生在学习时间上出现了两极分化，考研大军可谓夜以继日泡在自习室里，而不准备考研的学生则奔波在各式各样的招聘会之间。

（三）学习方法

从同学们对最有效的学习方式的看法以及在课堂上最喜欢的学习方式上可以看出，一年级学生应试教育尚未完全"断奶"，对老师的依赖性较强，被动性学习的倾向比较明显。同时，他们好奇心强烈，对体验性学习等新鲜有趣的学习方式充满期待。这也为引导大一新生学会学习提供了契机；二年级和三年级的学生已经有了自己喜好的学习方法，探究性学习、合作性学习、自主性学习等，他们是萝卜白菜各有所爱；四年级学生在学习方面自主性明显增强，他们更喜欢自主性学习和交往性学习。

总之，由于各个年级的学习任务不同，大学生的认知水平有别，他们的学习方式也存在着差异。对大学生进行学习方式的引导，要注重联系他们的实际问题，注意区别不同年级的特点对症下药。

三、院校差异

在学习目的的认识上，不同院校学生的差别不大。但是，在专业兴趣方面，不同院校学生差别显著。学生对所学专业感兴趣程度最高的是综合类院校（97.9%），其次是师范类院校（93.4%）和理工类院校（93.2%），之后依次是财经类院校（90.3%）、医学类院校（86.9%）和农学类院校（78.4%）。经过走访了解，医学类院校的学生部分是出于家长意愿选择了所学专业，农业类院校部分学生是因为高考照顾政策报考了涉农专业，他们本身对自己所学的专业没兴趣或者不太感兴趣。对这部分学生，专业思想的教育引导尤为必要。

不同院校学生的学习态度也不尽相同。师范类院校和理工类院校学生相对而言更为刻苦，每天课余学习时间在3个小时以上的学生分别高达23.2%和20.9%；财经类院校的学生相对轻松些，每天课余学习时间在3个小时以上的学生不足15%。农学类院校、医学类院校和综合类院校的学生在学习时间方面相差不大。也许，这与不同专业的课程难易程度有关。

第七章 高校学生英语学习方式现状

第一节 高校学生英语学习方式

一、英语累积学习

英语是一门语言。就语言的本质而言，语言是约定俗成的符号系统；就学习过程而言，英语学习是按照一定语言心理系列不断演进的过程；就学习的行为而言，英语学习是行为习惯的养成。于是累积学习渗透在英语学习的全过程，也是英语学习的重要手段和方式。英语累积学习方式研究是建立在加涅累积学习理论基础之上。累积学习说认为，个体是按规定的学习程序，一步步地进行学习的。加涅认为，学习过程是信息的接受和使用的过程，学习是主体和环境相互作用的结果。因此，在教学上他主张给学生最充分的指导，使他们能够沿着规定的学习程序和步骤，系统地操控学习行为，形成良好的行为习惯，积累丰富的语言学习经验，体验和优化英语学习的过程。

（一）英语累积学习方式概述

累积学习方式是建立在加涅对学习过程结构（learning hierarchy）和学习条件（conditions of learning）等的分析和研究上的。加涅把学习过程分为八个阶段，即动机阶段、选择阶段、习得阶段、保持阶段、回忆阶段、概括阶段、作业阶段和反馈阶段。英语累积学习是指英语学习者按一定序列逐步累积语言知识和技能而实现对能力的养成。英语累积学习体现了语言和语言学习是习惯系统的养成，体现了个体英语语言能力演进由易到难、由浅入深的渐进过程，也体现了英语语言学习过程的迁移性。根据英语语言学习特性和需要，我们把英语学习过程结构分为四个阶段，前一个阶段是后一个阶段的基础，或后一个阶段是前一个阶段演绎和发展的结果。各个阶段既相互联系，又相互制约。它们分别是：（1）动机和目标确定阶段。

首先英语语言学习是受个体动机和目标推动的。动机、目标或期待唤醒和激活英语学习行为，支撑和优化英语学习的过程，也隐含着学习的可能结果。它们是英语学习的根由，也是英语学习的动力。其次，英语作为语言或语言学习具有心向性，换言之，英语学习过程或语言的认知过程是生成动机和期待的过程，也是强化学习目的性的过程。（2）注意和语言理解阶段。Solso 认为，注意是指心理努力（mental effort）对感觉事件或心理事件的集中。Luria 强调注意的选择性功能。从 Solso 的定义来看，注意是对其对象的集中和指向。由于个体心理资源的有限性，选择性是注意的基本特征。注意与选择是相辅相成的心理过程，注意是选择的起点，选择是注意的必然，学习离不开注意而存在。因此，英语学习本身是注意与选择的存在，注意是语言理解的前提，没有注意语言理解便无法进行。从个体英语语言发展过程来看，语言理解是语言表达的基础，自然语言理解的最终目的是实现意义建构。（3）语义表征与巩固阶段。简单地说，表征是记忆方式。英语语义表征与记忆是一个事物的两个方面。由于心理表征的存在，语言理解和符号的意义建构便成为可能。就语言的技能发展而言，英语语言知识和技能的巩固是通过理解、记忆和过度学习而实现的。这个阶段也是巩固阶段。个体语言操练和过度学习逐步实现对语言知识和技能的巩固。（4）语言表达和运用阶段。语言表达和运用是英语学习非常重要的一环。如果语言理解与语言输入密切相关，那么，语言表达和运用与语言输出存在必然的联系。个体从表达中体验语言，从运用中掌握英语语言技能。英语语言学习和能力发展的过程是一个连续系统，它有起点却没有终点。各阶段学习有明确的侧重点，但各阶段相互依存，相互制约，往复循环。例如，动机阶段是英语学习的起始阶段，但是英语学习过程，即语言理解、记忆和表达也能强化动机和学习的目的性。

英语学习过程结构决定学习方式，其学习方式是学习过程的具体体现。就累积学习的过程而言，英语学习是一个知识不断积累、技能不断巩固、习惯和方法不断优化的改进过程。换言之，个体英语语言因累积性的学习而发展。也就是说，量的累积必然导致质的变化。

英语学习的结果是学习目标、学习过程和学习条件相互作用的结果。英语累积学习方式的生成、发展和应用既有外部条件，也有内部条件。英语学习既要有外部社会语言环境或条件，也要有内部心理条件，整合内外条件资源，累积学习方式的建构才有可能。

累积学习的教学设计是累积学习方式的应用的重要方面。学习方式的教学设计既是学习方式走进学生和课堂的中介，又是验证学习方式的科学性和可行性的过程。由此，学习方式的教学设计的重要性显而易见。

（二）英语累积学习的意义

从加涅学习理论出发，我们认为累积学习方式对于英语语言能力的形成和发展意义重大。首先，就语言结构而言，英语语言是约定俗成的符号系统；其次，就语言学习的过程而言，英语语言能力的获取是一个渐进和习惯的养成过程。其三，英语语言能力的发展是按一定序列演进和迁移的。从语言文化形成的过程来看，英语语言的形成体现了其过程的渐进性。从个体语言学习过程来看，英语学习是由易到难，由浅入深，由少到多，由生疏到熟悉的知识、技能和能力的累积过程，个体英语语言技能和能力的形成与发展体现了语言学习过程具有迁移特点。人类学习中可供使用的资源是有限的，如个体短时工作记忆的资源是非常有限的，研究表明人的工作记忆的容量仅有 7 ± 2。从这一点来看，累积是个体英语语言学习的手段，也是语言学习的过程。由此可见，累积方式是英语学习的必然选择。

（三）累积学习的教学设计

加涅阶梯理论认为，任何一项学习均有其顺序，前一种学习是后一种学习的先决条件，学习是按顺序逐步演进的。英语作为语言学习更是这样。学习者若是无法学会某种知识，是因为尚未具有学会这个知识的基础能力。教学活动时，应从学习阶梯的底层出发，循序渐进地引导学习者达到预期的教学目标。这一模式以学习者在学习中所发生的心理活动过程为依据，又进一步根据其学习的信息加工理论提出了一系列从学习动机的确立到学习结果的反馈的教学策略。（1）激发动机。教学中所讲授的内容应能吸引学习者，使学习者感到有趣，以唤起学习者的动机，并把学习者的兴趣与对未来的期望联系起来。（2）告知学习者目的。告诉学习者在学习结束时将会达到什么样的目的，使学习者形成学习的心理定式。告诉学习者目标，有利于学习者对学习结果形成较具体的期望。（3）指引注意。指导学习者注意有关内容，有助于把学习者的注意力集中在教材的核心内容上。因此，教师可以采用各种手段来引起学习者的注意，如手势、动作、表情、语调等，或运用教学手段，如挂图、幻灯、录音、录像等，以引起学习者视觉上的兴趣。（4）回忆刺激。授课之前，教师要经常让学习者回忆先前所学内容。如果学习者正在学习一种新的技能，那么下属的技能就必须先检索出来，以便能将它们作为技能的一部分而加以重新编码，如果学习者正在学习言语信息，那么就需要把先前学习的知识回忆出来，使之成为获取新信息时有意义背景关系中的一个。（5）呈现信息材料，提供学习指导，指导学习者对学习内容加以编码，使学习变得有意义。在学习指导中，教师可采用提问等形式指导学习者自己制订编码方案。（6）增强记忆。为了增强学习者保持和提取已习得的内容，教学中可利用表、图等形式，使学习者找出检索的线索，利用间隔复习的形式来保持信息。（7）促使学习迁移。这里的迁移包括纵向迁移，即教师通过提问和提示，使学习者所学的知识能迁移到新的学习内容中；横向迁移，即教师向学习者提供需要使他掌握知识的新任务（问题解决），使学习者把学习内容运用于其他情境中。（8）引出动作、提供反馈。教师提供让学习者做作业的机会，让教师看到学习者是否已经保持了所学会的内容，是否掌握了教学最接近的结果，并给予反馈。

在累积学习方式中，教师扮演着"设计者""指导者"和"管理者"的角色，教师的工作就是计划、设计、选择并监督外部条件和安排，主张整个教学过程自始至终由教师来控制，强调教师的指导作用。加涅为我们提供的是一个基本构架，而不是具体实施的步骤。教师只有以教学理论为指导，结合教学工作实践，才能从根本上理解教学的本质。

加涅提出的适当的教学设计必须包含下列四项：（1）制定教学目标。（2）根据学习阶梯及工作分析进行教学设计。（3）安排教学活动。（4）决定评价方法、标准和工具。

二、英语自主学习方式

英语自主学习在当今英语学习方式研究中占有重要的一席之地。自主学习作为一种学习方式是 20 世纪 60 年代被提出来的，从对"学习者能力（student power）"的研究（Cock-burn 和 Blackburn，1970）到提出以"学习者为中心"的教育理念（Freire，1970；Illich，1971；Rogers，1969），自主学习在思想和社会发展变化中逐步形成。随着信息时代知识爆炸，学习量迅速增加，学习资源不再仅限于教师和教材，学习目标也从知识的学习变成能力的获得，同时，随着人口的增加，人们也在寻找能让更多的人根据自己的特点、兴趣和需求学习的方式，从而出现了开放式的学习，使自主学习迅速普。随着教育技术的发展，如电子产品、互联网等使得英语自主学习成为可能，进一步促进了英语自主学习认识和研究的不断深化。

（一）英语自主学习方式形成背景

英语作为语言，其自主学习方式的形成受到多方面的影响，Rdey 认为自主学习方式反映了思想领域掀起的又一次转变。从消费主义和物质主义转变到强调个人经验、生活质量、个人自由、未成年人权利的意义和重要性。Breen 和 Mann 指出："人们对自主学习的兴趣源于对个人的不确定性和对权威无能为力的质疑的一种表现方式。"人们发现作为学习的主体的学习者，对自己的学习没有自主权，完全受到他人的控制。因此人们开始从学习者的角度，重新审视和定义教师的角色、教学课程的制定、教学目标和教学环境及学习的评估等，从更加人文的角度关注学习者。Crabby 提出"个体有权自由实施自己的选择，无论是在其他领域还是在学习领域"。

教育心理学研究的发展也促使自主学习方式的形成。心理学研究发现心理因素如动机、情感态度和信念等是可变因素，而另一些像爱好、学习智能（Reid，1987）、学习场倾向（Chapelle，1992）等个性是相对不易改变的因素。可变因素会影响学习者学习语言的方式和为学习所付出努力的结果，而不可变因素对学习者的学习方式等影响较小。学习者遇到学习困难时会自觉主动地控制自己的可变因素。例如焦虑被认为是语言学习中的关键情感因素。MacIntyre 和 Gardner 认为焦虑是二语学习成功的最好预示之一。Horwitz 和 Young 认为焦虑可以认为是一个通向二语习得的过程，如交流中的理解担忧、测试焦虑、负面评估恐惧。Kra，hen 和 Prabhu 的理论著作认为语言在非威胁的情况下通过接触可以听懂的输入才能获得。Naimnn 研究成功的语言学习者是如何采取措施控制焦虑。Oxford 对学习者的信念和情感态度的研究表明，好的语言学习者知道如何控制情感和态度，利用情感策略。学习者对不同信念控制也将影响学习态度和行为。

Gnrdner 和 Lamberc（1992）对语言学习中动机控制进行研究，认为语言学习中的动机不同于普通学习动机，因为它直接涉及学习者对目标语相关民族的态度。Dornyei 也指出对动机的认知方法在于对可以转变为行动的个人思想、信念和情感的研究。在这个领域，Vallerand 提出了自我决定理论，强调人类行为的自我决定程度，将动机按自我决定程度的高低视作一个连续，其基础是有机辩证元理论，认为社会环境可以通过支持自主、胜任和关系三种基本心理需要的满足来增强人类的内部动机，促进外部动机的内化，保证人类健康成长。通过自我学习控制，学习者发展通向有效学习的动机模式。Diekinson 在社会心理学家海德的归因理论上，进一步通过对内在、外在动机理论和归因理论的分析，证明了自主学习有利于促进学习者的动机，让学习者产生自我决定感会使其在内在动机的推动下进行学习，指出学习者在学习过程中负责有关学习的所有决策并负责实施这些决策，所以要把自主性看作是一种对于语言学习的态度。韦纳（B.Weivet）认为，归因理论每一维度对动机都有重要的影响。如果将成功归因于内部因素，会产生自豪感，从而动机提高。这些观点无疑有助于自主学习方式的推广与发展。

建构主义者的观点是建立在学习心理学上的，认为有效学习源于学习者在学习过程中的主动参与。Candy 指出："知识是不能教的，只能由学习者自己建构。"当学习者完全参与对内容和学习过程的决定，知识是通过学习者个体的社会交往过程而被独特地建构，学习就更有效。这一观点和罗素、杜威、罗杰斯等人的观点是一致的。Douglas Barnes 提出教师所授的脱离语境的课程知识不能成为学习者的知识，因此很容易被遗忘。通过学习者积极参与而得来的知识将会成为学习者行为和生活方式的基础。Vygotsky 在他的发展心理学著作中提出，学习是以已有知识和经验为出发点，在社会互相交往中发展。当指导性的交流转变成自主性的"内部语言"，学习者在社会交往中可以内化在语言交流中获得的意义。Vygotsky 的自主是一种"内部语言"的作用，这种作用通过语言来思考、表达和交流，所以是社会的。"内部语言"这个概念帮助理解思考作为桥梁是如何在社会交往和自主中起作用的。Kolb 在 Dewey，Kelly，Roger 等研究的基础上进一步发展了"体验学习"（Experiential learning）模式，并通过 Kohnnen 的研究影响了自主学习理论。在体验学习中，学习者进行体验是学习的中心，"使得抽象的概念变得有活力，具体，个人主观意义，而且为在学习过程中所创造出来的见解的含义和有效性的鉴定提供了具体的点"。体验学习提出学习是循环过程，从体验、思考，到理论抽象，以此来指导行动。因此这是一个将知识融入自己的意义系统，并控制自己的学习的方法，这个方法强调在自主中的反思和转化。这一系列的观点为自主学习方式提供了理论支持。

随着语篇分析，社会语言学、语义学等从语言的语法研究向功能研究发展的转变，研究者更加注重在语境中的交流，而非以脱离语境的知识的获得作为语言学习的目标。所以，语言的学习就是学习如何交流的过程，支持了以学习者为中心的思想。著名语言学家 Tarone 和 Yule 也在大量的研究著作中，阐述了在语言学习和教学过程中，中心是学习者而不是教师的理念。Ivan Illich 提出"casual learning"，这对于那些反对学校教育、强调自主学习的人影响很大。人们对学习中的自我管理的研究也为自主学习提供了理论基础。学习中的自我管理研究开始于 20 世纪 60 年代。Tough 对学习外语的调查结果表明，绝大多数学习者承认是在自主的情况下学习外语。Iones，Schtnidt 和 Frota 的研究都发现学习者除了课堂学习之外，还有大量的自主学习。即便是课堂的学习中，也有自我控制的自然学习。

自主学习作为语言学习的一种方式遭遇不同的评价。有人认为它是理想化了的学习目标，也有人认为是有效学习的前提。但有一点是肯定的：只有当学习者在学习中发展了自主的能力，才能成为有效语言学习者，才能成为生活中有责任心和有判断力的人。

（二）英语自主学习的定义及特点

英语自主学习是一相对复杂的概念，我们从"自主学习"的定义或论述入手，逐步理解英语自主学习的概念和内涵。自主学习（autonomous learning）方式常被人们误认为是放任学习，这些误解部分是由于"自主学习"这一术语引起的概念意义的混乱。首先，这个术语的同义词较多，如"独立学习"（independent learning），"自我导学，"（self-directed learning）和"自助学习"（self-access learning）等。虽然用词不同，但是上述概念之间的相似性大于差异性，从广义来说，它们都积极鼓励学习者设立并实现个人学习目标，只是角度不同而已。

Knowles 认为："自主学习是个体在他人的帮助下或没有他人的帮助之下，主动地诊断自己的学习需求，制定学习目标，确定学习资源，选择运用恰当的学习策略和自我评估学习结果的学习过程。"

Holec 指出："自主学习就是自己负责自己学习的能力。"

Little 认为自主学习所包含的意义是非常复杂的，自主学习并非没有老师的学习。"不意味着老师没责任了，也不是说学习只是学习者自己的事；

不是单一可描述的行为，也不是指学习者所取得的一种稳定的状态。"Little又指出了自主学习过程中对学习心理因素的控制和管理。

Candy指出了自主学习具有自主的个性特征，以及其自愿并能够进行自我教育的特点，自主学习是在正式场景中组织教学的一种模式，具有在自然社会场景中个体寻找学习机会的特点。

Christopher，Candtin和David R. Hall在对自主学习的定义中又增加了学习内容，并且指出自主学习内容的特性。学习者对学习内容的自主控制具有情境性（situational），即学习者自己决定自己的学习目的和目标；学习者对学习内容的自主控制具有社会性，即需要有关学习者在学习过程中与人交往的专门能力。自主学习必须是有社会结果的行为。Christopher，Candlin和David R. Hall还指出自主学习这一概念是以学习者的思想、行为、举止控制自己学习的自然倾向为依据。Nunan指出自主学习是人人所具有的，尽管根据每个学习者的独特特性和环境不同而表现形式和程度也不同。当提供适当的条件和准备，如提供学习者实施自己控制自己学习的机会、改变组织的教学方式，有利于学习者发展自主学习的能力，学习者就能够获得自主学习能力。这个观点指出了自主学习的能力是可以培养的。当条件适合，学习者就可以获得自主学习的能力。

庞维国又在Zimmerman的自主学习研究框架基础上提出自主学习方式的学习动机是内在的或自我激发的；学习内容是自主选择的；学习方法是自己选择并有效加以利用；学习时间是自己计划和管理的；学习过程是自我监控的：学习结果是主动组织进行自我总结、评价，并据此进行自我强化，能主动组织有利于学习的学习环境；遇到学习困难能主动寻求他人帮助的一种学习方式。这个定义提出了学习者主动创设和运用学习环境，主动寻求帮助解决困难以达到获得自主学习的能力。

为了简化自主学习的定义，能让不同侧面的研究共存，自主就是学习者对自己学习的控制的能力。自主学习就是学习者的自主能力得以展现的学习。自主学习可以从不同的方式表现出来，具有独特的过程和师生关系。自主能力可以在自我学习的模式下得以发展。自主学习的学习者自主控制学习行为认知过程和学习内容。三者的关系互相依存。有效的学习管理建立在对学习中的认知过程的控制上。学习管理和认知过程又涉及有关学习内容的判断。

从以上自主学习的特点和含义，我们就不难得出英语自主学习方式的重要意义。自主学习方式在英语学习过程中得以应用和推广，是学生在英语语言学习中学会语言，发展语言能力，学会认识自己，成为自己。人类作为主体，自主能力是最重要的素质之一，而自主学习正是培养人类成为主体、具有自主性的有效方式。自主学习是培养学习效果，独立解决问题和发挥能动性的学习方式，因此，自主学习对培养学习者的创造性和生产性也具有重大作用。自主学习对学习者更深刻地掌握知识、培养良好的学习态度等都有很大的意义。

（三）英语自主学习的实践

英语自主学习能力的培养是一个循序渐进的过程。学生具备自主学习的能力需要经历一个从他主到自主的发展过程。从最初完全依赖教师的指导逐渐过渡到自己独立思考学习活动。另外，英语学习是一个循环的过程，上一次学习任务结束时的自我评价，将反映在下一次任务最初对学习目标的设置、对自身能力的评价中，上一次学习过程中的经历与体验将作为下一次任务中学习策略选择、周围环境资源控制的依据之一。如此反复，语言自主学习能力逐渐发展完善，这也提示教师自主学习的培养活动是一个长期的过程，需要对学生进行耐心细致的帮助与引导。

自主学习方式的运用给教师提出了很大的挑战。在课堂学习环境下，学习者的学习安排会与教师的教学安排产生冲突。因此，教师如何使自己的教学适应学习者的不同个性，满足学习者的不同需求，提供自主学习的机会，培养学习者的自主能力成为教学的焦点。

英语教师的职责是帮助学生展开自主学习，指导他们有效运用学习策略。当以发展学生的自主能力和个性为目标时，教师的角色功能就是关注个体，了解学习者的多样性。当教育目标、学习活动、教学资源、掌握水平和时间具有很大的自主性时，教育才真正体现出培养学习者的自主性。教育目标要满足个体需要，学习活动要有多样性，要为不同能力的学习者提供不同的教学资源、接纳不同学习者不同水平的表现，并且容许不同的学习者在不同的时间里完成学习任务，开展自主语言学习。教师必须在放弃他们对学习者的控制同时使自己适应作为管理者、组织者、咨询者、材料开发者、评判和评估者的新的角色。成功的角色转变取决于教师本身意识和素质的提高。教师从知识传授者转变为学习条件和学习环境的创造者，应尽可能地为学习者的学习营造良好氛围，创造更多机会，满足不同学习者的需要。教师不再是知识传播的唯一渠道。作为教师，使学习者实施自主能力的原则是尽可能地提供给学习者控制自己学习的机会，建立学习者自主发展的教学目标，改变错误的压抑学习者积极性的教学方式，以引导者的身份出现在学习者的学习活动中。也只有建立培养独立、自主的学习者的教学目标，学习者才会在教师的指引下，发挥自己的潜能，将学习活动置于自己的监控之下，调动自己认知、情感、意志等多方面的能力进行主动建构知识的高效学习。

教师监控学习过程中的智力与非智力因素，包括学习策略、学习方法、情感调整、认知监控、环境利用、问题处理等。自主学习要求教师改变以往传统的教学方式，充分发挥其作为教学组织者及指导者的作用，以促进学习者自由、独立学习的方式教学。而学习者则需改变以往依赖教师学习的方式，主动地监控、调节学习过程，并能根据反馈信息，积极查找原因，及时地发现存在问题，来调整或修改甚至中断自己原定的学习策略、步骤等。根据元认知理论，个人自我调节行为和能力的提高可以通过策略讲授和情景模拟两种方法进行训练。策略讲授即是假定个体元认知水平不高的原因在于缺乏解决基本问题的策略。学习策略可分为两类：一类是一般性的学习策略，它适合于任何学科的学习，如管理学习时间等；另一类是具体的学习策略，适用于具体的学习内容，如做笔记等。学习者自主学习策略的使用情况与学业成就有很高的相关性。因而教师在教学过程中应尽可能多地传授给学习者各种一般性的和具体的学习策略。但事前传授不能穷尽学习者监控学习过程可能用到的所有方法，甚至有可能起到限制学习者问题意识发展的反作用。所以还须构建一定的情境，为学习者活化这些策略和方法起到支持作用。因而教师在结合教学内容的基础上要多提供范例，讲明策略适用的范围和条件，给予学习者充分的策略练习的机会，使之熟练运用。在学习过程中，学习者保持积极的态度，学会自我约束和自我管理，在提高语言能力和成为更有效的语言学习者的同时，获得积极的情感态度，形成良好的学习习惯。

自主学习中学习者以自己的学习过程为监控对象。从最初的学习目标设置、学习策略选择到学习过程中调节、控制和补救，再到对学习结果的评价与反省，都将由学习主体自主地选择和决定。在实际训练中教师应加强对学习者元认知监控策略及能力的训练。元认知监控是指主体在进行认知活动的过程中，将自己正在进行的认知活动作为意识对象，不断对其进行积极而自觉的监视、控制和调节的过程，包括制订计划、实际控制、检查结果和采取补救措施等具体环节。

教师在课堂范围进行自主学习方式的操作方式有很多。Dickeson 和Carver 提出了自主学习方式实施的十种技巧：（1）自我监控：学习者记录自己的学习目标；（2）自我纠正：学习者改正自己的作业；（3）不同进度学习者制订和调整自己的学习进度；（4）小组活动：学习者在小组中完成任务；（5）项目活动：学习者合作收集信息、处理信息和写出汇报；（6）问题解决：鼓励学习者讨论问题；（7）泛读泛听：鼓励学习者课外阅读；（8）选择活动：学习者选择自己喜欢的活动；（9）教师与学习者互学互教；（10）共享目标：学习者自己制订计划和完成教学目标。

参照以上自主学习实施技巧，英语教师组织自主学习的课堂活动设计也有很多，如：（1）自主提出问题。学习者根据学习材料自主提出问题，根据自己的问题展开小组讨论，学习者互相补充信息空缺，最后解决问题。教师尽可能地提供真实的学习材料，学习者创设的问题情景才会有意义，与学习者现实生活隔绝的学习材料显然是无意义的。把课程内容与现实生活联系起来，会激发学习者对学习的好奇心，渴望认识和解决问题，因为学习者的学习很大程度上受本能驱使。（2）设置任务。其特点是学习者自主解决问题，完成任务。根据教学内容，设置教学情景，提出学习任务然后进行讨论，最终完成任务，展示成果。教师提供咨询。（3）采访。首先，教师设置教学情景，提出采访主题，学习者通过两人或两人以上面对面的问答式交谈，自主地选择和获得所需信息，然后对采访结果进行分析、归纳和总结，汇报采访结果。（4）模拟执教。学习者自行选择学习执教内容，积极准备执教材料，利用语言能力和组织能力完成执教，其他学习者提问和补充，其间教师明确教学目标，指导学习者查资料、写教案。（5）自主选择学习内容。首先教师确定学习目标，学习者自主选择学习材料和处理学习材料。然后，就学习材料与教师或学习者伙伴进行交流，分享观点和收获。最后，写出学习笔记。在这个模式中，教师提供学习材料、学习工具并提出学习目标。学习者根据学习目标，自行选择学习材料并进行处理和加工，利用工具进行有效学习，每个学习者的学习结果都会不同。（6）项目学习。

对于一个单元的学习内容，学习者自行确立一个研究项目，课堂上教师分别与学习者讨论各自研究项目的合理性，在学习者研究过程中，指导和完善研究过程，最终完成对项目的研究，进行口头汇报，并形成书面报告。学习者在完成项目的过程中如有问题和困难，教师提供帮助，直至完成项目。这一模式源于课本，又超越课本。学生学习内容大于课本内容，且英语学习过程具有兴趣性、研究性和创造性。

课堂以外的自主学习方式的操作有合约模式、模块形式和信息技术辅助模式。合约模式是指学习者和教师之间签署合约，确定在规定的时间内学习者必须完成的工作和教师必须履行的职责，如提供资源、指导学习方法、监控学习过程、及时给出评价等，或学习者根据自己的情况在不同的水平上订约工作，教师将视学习者的合约和实际完成的结果给予评价。模块形式是将学习目标分成更容易完成的小的部分。学习者可自主选择，在教师的指导下，一部分一部分地完成。教师根据学习者的完成情况，给予评价，如不够理想的，给予个性化的反馈和进一步有针对性的指导，提供额外的信息和资源，以促进理解。信息技术辅助模式是通过远程通信设备来进行的一种学习。将学习目标、学习任务、学习资源和学习方法等通过远程通信的方式提供给学习者，学习者根据自己的情况在不同的时间、地点用适合自己的方式与学习伙伴或单独完成学习任务，但学习有困难时，学习者可以求助于教师、家长、同伴或网上学习伙伴。

根据 Breen 和 Mann 的建议，一个优秀的自主学习者应该看到学习内容、学习方式以及拥有自己可掌控的学习资源之间的关系；有真正要学习语言的愿望；有强烈的自我感，并且这种自我感不会被任何对自己或对学习的负面评价所破坏；要能够反思自己的学习以便准确判断自己下一步该做什么，应该能适机灵活多变；应该具有独立学习的能力；能够策略地利用环境，能够策略地协调自己的需求和小组成员的需求之间的关系。因此作为学习的主体，学习者将更加清醒地意识到，他们是学习的主人、学习的中心。他们必须逐渐学会对自己的学习负责，不断反思调整方法，使学习达到预期的目的。他们既是自身学习的计划者、促进者，也是自身学习过程的管理者和组织者；同时还将为其他同学的学习提供参考和建议，对自己、他人的学习作出评价，并对自助语言学习的整个过程作出评估。学习者从被动向主动角色的转变，意味着必须加强对他们的训练，而训练应融合在学习材料、活动和任务的设计中。

自主学习的能力表现包括学习者对学习计划的制订、学习方法和策略的选择，学习材料的使用，学习结果的检查和修订时进行的计划、监察和调控的能力及学习者对自己的学习兴趣、学习态度、动机水平、情绪状态等非认知因素进行调节和监控的能力。

自主制定可行的学习目标和学习计划是达到有效学习的基础。当面对新的学习任务时，学习者主动地分析自己的情况，分析在学习过程中可能遇到的困难和障碍，并预测各种变化的可能性，由此确立具体的学习目标和采取的学习策略。研究发现，有效学习者更能够根据学习任务设置学习目标。这是因为学习目标能更有效地调动学习者的学习积极性。在学习目标的指引下，学习者制订翔实的学习计划便轻而易举，并且学习者也愿意遵照学习计划，积极地投入到新的学习活动中去。学习者逐渐学会对自身学习全面负责，学会自己决定学习目标、选择学习任务和方法，并对学习的实施过程实行监控以及最后对自己的学习进行反思和评价，这些能力都将为学习者的终身学习奠定坚实的基础。在学习活动中，迅速地发现和利用丰富的学习资源，独立使用学习材料，独立使用学习技术，包括电脑、听力磁带、软件等传播工具，促使学习目标的达成。

学习者检查与评价自己的学习结果。自主学习要求学习者在学习活动结束之际，根据一定的标准正确检查自己达到的学习程度、水平，并对学习目标与实践阶段所取得的效果之间的差异作出解释和说明。根据韦纳的归因理论，失败被归因于稳定的、内部的、不可控制的原因将会弱化进一步活动的动机；被归因于不稳定的、外部的、可控制的原因，则不会弱化甚至还会强化进一步的活动动机。有调查表明，学习不良的学习者较少把学习成败解释为内部原因，更多地解释为老师等不可控制的外部因素，而学习优秀的学习者则更多地归因于自身的努力、能力等内部因素。因此，为了进一步激发学习动机，学习者需增强对学习的自控感，作出积极的正确做法，降低挫败感，主动地投入到后续的学习活动中去。

自我反省和总结。在学习活动完成之后，学习者对学习过程作深入的反省和总结是提高学习者自主学习能力最重要的一环。学习者回顾自主学习过程中的每一步骤，包括最初的目标设置、选择学习策略到学习结果的归因等，总结在此过程中所付出的努力和所获得的成绩，从反省中吸取教训，积累经验。以此达到由具体的学习活动向抽象的经验转化的目的，完成由外部情境向头脑的认知结构内化的过程。

英语自主学习方式的活动是一个复杂的系统。在这一系统中，既有学习者自身方面的因素作用，又有教师等外在因素的作用，还有学习任务、教学管理等多种因素的作用。要想使自主学习活动协调、高效、合理地运作，需要各方面因素科学合理地发挥作用。建立学习者自主发展的教学目标，改变错误的压制学习者积极性的教学方式，以引导者的身份出现在学习者的学习活动中。也只有建立培养独立、自主的学习者的教学目标，学习者才会在教师的指引下，发挥自己的潜能，将学习活动置于自己的监控之下，调动自己认知、情感、意志等多方面的能力进行主动建构知识的高效学习，增强主体意识，培养责任感。因此，在自主学习方式中，无论是教育管理者、教学实施者，还是学习主体，学习者都要创造充足的条件和机会，积极主动地参与，使学习者的自主能力得到发挥和发展。

三、英语合作学习方式

英语学习本质上是交际过程，语言交际行为的基础是合作。语言交际因合作而丰富，英语学习因合作而深入。合作学习表面上看是一种学习方式，实际上是人的社会性的本质体现。社会性的基本层面是合作。因此，合作是人的基本属性和内在要求。随着社会迅速发展，合作已成为人类学、社会学、经济学、政治科学、心理学等学科越来越关注的研究主题。社会依赖性研究、认知发展研究和行为学习理论研究等方面的研究成果为合作学习提供了重要的理论依据和支持。通过比较不同的学习方式，尤其是比较了合作学习、竞争学习和个人学习的理论与应用，大家一直认为合作学习是具有优越性和有效性的一种学习方式。人们从合作学习的不同态度、不同的学习目标、在不同的环境中合作学习的效果等展开理论和实践的研究，研究成果涉及学习成绩，学习时间、学习的转化、学习动机、学习者的认知发展、学习环境、学习者心理健康发展和社会能力发展等，并提出了大量的合作学习实践方法供教师和学习者参考使用，所有这些使得合作学习迅速普及。

（一）英语合作学习的定义和特点

传统英语教学往往注重教师与学生、学生与课程的关系，而疏忽学生之间的互动。合作学习关注学生在英语学习中学生之间的互动。从教学的角度看，合作学习方式研究教学操作方式方法，包括教学目标、教学材料、组织形式、教学评估等。在不同的发展时期，人们对合作学习给出各种不同的定义。

美国教育心理学家罗伯特·斯莱文认为合作学习"是指学习者在小组中重视学习活动并根据整个小组成绩而获得奖励或认可的课堂教学技术"。

Johnson 进一步发展了这个定义："运用小组，使学习者共同获得，最大限度地提高自己和他人的学习。"合作学习的过程包括教师布置学习任务，学习者分组，小组合作直到小组的所有成员都成功地完成任务。共同的努力使得参与者努力为大家的成功作出贡献，同时，每个人又从大家的贡献中获益，即你的成功有利于我，反之也是如此，因为大家的命运是共同的。在合作学习中，只有其他人达成了学习目标，自己才能在学习者的目标达成中存在正依赖。

以色列著名教育学者梅瓦里克（Mevaruh）认为，合作学习是指为达到一个共同的目标在小组中共同学习的学习环境。

王坦认为"合作学习是一种旨在促进学习者在小组中互助合作，达成共同学习目标，并以小组的总体成为奖励依据的教学策略体系"。

Roger 和 David W．Johnson 认为，合作学习是无论什么家庭背景、性别、身体状况，互相鼓励完成任务，学会一起工作，大家庆祝共同的成功。合作学习中具有大家认可的共同目标，达到目标的组的每一个成员都可以获奖。合作学习一定是每个人都有责任，一个人不可能拥有为达到更高成就所需的所有知识、技能和资源。每个人都需要做出努力，才能完成任务。合作学习使学习者的学习达到最大化。在合作活动里，个体寻找对自己有利的和对小组其他成员有利的结果。合作学习创建了大家共同的成功，这种成功不仅依靠个体的努力，还需其他人的贡献，包括知识、技能和资源等。在这个过程中，每个人都有展示个人长处和成就的多个平台。

Spencer Kagan 博士认为，合作学习从结构来说，是建立在创造性、分析、系统的结构运用或在教室组织社会性互动的内容的自由的方式。

综合上述定义，从狭义上说，合作学习是一种英语课堂的学习活动方式，是由有差异性的学习者构成学习小组，在教师的指导下，每个学习者带有不同的责任和共同的目标，通过学习者之间的正依赖互动，解决问题，完成学习任务，以达到学习者在认知、语言能力和情感态度等方面得以积极发展的课堂教学组织和学习者学习形式。从广义上说，合作学习可以是因学习任务的要求，无法独自完成学习任务而寻求合作，可以是课堂或课外的，教师组织或学习者自由组织的，小组具有共同的目标，每个学习者具有明确的责任，按照一定的程序，互相之间通过正依赖互动，分享信息，解决问题，完成任务的学习过程。在此基础上，每个学习者从不同的渠道得到对自己表现的反馈。其目的是使每个学习者从一系列的合作活动中积累英语语言知识、形成语言技能、养成学习能力、培养社会能力等。因此在英语教学中合作学习有以下特点：

第一，在形式上，学习者是以小组的形式进行学习，但不是所有的小组学习都是合作学习。在一个小组中也可以是竞争学习或个人学习。真正的合作需要理解构成合作的组成部分。掌握合作的组成部分需要教师把现有的课程用合作的方式进行建构，制作合作学习的课程以符合独特的教学情形及满足课程目标和学习者的需要；诊断在小组学习中学习者可能出现的问题，并指导学习者，以便提高学习小组的效率。

第二，合作学习包含许多组成部分，其中主要包括：正依赖、面对面的促进性互动、个人与小组的责任、个人与小组之间的技能和小组操作的过程。在小组环境中系统地构建这些基本要素才能确保合作学习的实施。当组员们感到他们的成功如果没有其他人的成功是不可能达成的，这时正依赖就构成了。所以，布置任务时，要让学习者相信他们是同甘共苦的一组。当正依赖构成时，就会凸显个人的努力与小组的成功的紧密联系；由于每个人的资源不同，他们都具有无法替代的角色和完成任务的责任，这样就创设了不仅对自己也对小组成功的义务。没有正依赖，就没有合作，这是核心。小组合作中个人的责任体现在两个方面：首先，小组必须要负责达成其目标；其次，每个人要尽他在小组中应尽的责任。小组的责任是使每个人都更强大，都能得到更大的能力。小组操作过程是指小组成员相互间配合，不断地促进小组活动的有效进行。当小组讨论如何达成目标，保持有效的工作关系时，小组配合就产生了。小组要描述该做什么，不做什么，决定什么该继续，什么要改变。组员一起仔细地分析和决定将不断完善学习过程。

第三，合作学习是以学习者为主体、以学习者为中心的一种学习方式。

合作学习通过学习者的主动参与，发展个性和提高素质。合作学习为学习者按照自己的需要和个性学习提供了机会和途径，提高了学习效率，发展了个性化学习。合作既是手段，又是学习目标。合作学习的结果往往是在不同的学习成员交换观点的过程中，吸取他人思维方式和学习方法，完善自己的观点，开拓思维面。

（二）英语合作学习的意义

在英语语言习得中，合作学习对学习者的认知发展和动机的激发有着积极的影响，对发展学习者的非智力品质产生积极的促进作用，所以相比较其他学习方式，合作学习是更有效的学习方式之一。学习者间的互动有合作学习、竞争学习和个人努力学习三种形式存在。与合作学习相比较，竞争是学习者战胜其他学习者以便达到只有极少数人能达到的目标而胜出。在竞争环境中，存在的是负依赖，因为只有对方败了，自己才能成功。成功是按照定量参照标准的评价方式，即规定成功者的数量。这种学习方式的结果是大家要努力比别人做得更好，或者知道自己不可能战胜别人而放弃。在个人努力学习环境中，大家自己顾自己，去完成与别人无关的成就。评价是按照统一标准为基础的，学习者的目标达成是通过自力更生。学习者知道他们的成功与其他同学无关。这种学习方式的结果是学习者只关注自己的利益和个人的成功，而不去理睬别人的利益和成功。然而，合作学习将使学习者取得更大的成功和更大的产出，对培养学习者关注他人、互相支持、互相帮助的人际关系及建设心理健康、培养社会能力、提高自信心等有着重要的意义。

合作学习体现了以人为本、以学习者为中心的思想。教学研究从师生互动到生生互动的发展，从被动接受到主动学习的变化，从知识学习到能力培养的转变，都体现了合作学习的核心思想。合作学习以提高学习和知识的成就，提高学习者的记忆力，提高学习者对学习体验的满意度，发展学习者的口头交流能力，发展学习者的社会交往能力和提高自信心为学习目标。合作学习是主动学习，培养解决问题、回答问题、提出问题及讨论、解释、争论等实践能力。合作学习是以正依赖和个人责任为条件的学习，培养责任心。评估措施是短期掌握、长效记忆、课程材料深度理解、批判性地思考和创造性地解决问题的技能的获得、对学习的积极态度的形成。合作学习帮助学习者学会与人合作，提高团队意识，开发学习者的智力，提高学习效率，提高社交能力，促进学习动机，降低学习焦虑，有利精神健康。

在英语学习中，使用合作的方式可以使学习评估系统更加合理化、多样化和人性化。评估不仅仅是教师对学习者的学习，而且在合作中学习者互相间也在自然地进行评估，在同伴的评估中学习者不断调整自己的学习。合作小组中可以有多个不同的学习结果产出，可以有不同的批判性的思考、推理和所教技能的表现，可以让学习者有从体验中和评估中学习的可能性，减少了教师可能给评估结果带来不利的偏见。评估的结果往往更多地体现在学习者哪里做得不够好，下一步该如何做。合作学习使得评估对象从个体到集体而大大减少了学习者的焦虑和紧张，这可以促进学习者提高自信心，勇敢张开嘴讲英语。由于合作学习在改善课堂教学气氛、确立新型的师生关系、减轻学习中的焦虑情绪、提优补差等方而效果显著，从而成为近几年来的主流学习方式。

合作学习更能促进学习者的知识与技能、过程与方法、情感态度与价值观的三维目标方向的整体发展，促进学习者集体的形成，对增强团体意识和创新品质有重大意义。只有面对具有挑战性的学习内容时，学习者才会表现出一定的探索欲望，当学习者独立解决问题出现困难时，这种团体学习的效果就会表现出来。一方面，我们可以通过提供材料，给予学习者动手操作、合作交流的机会，从其他学习者那里学习解决问题的方法；另一方面，通过合作学习，也能使自己已懂的知识在与他人交流时得到巩固和加深。通过共同谈论而学到的知识是学习者自觉获得的知识，因此会记忆深刻，而且还可以获得探索与成功的积极情感体验。特别是在学习方法与策略方面，多角度思考在合作学习方式下体现得更加明显，根据学习者的不同思考方式，会有不同的解题策略。如果放手让学习者去交流，让他们介绍自己的方法，倾听别人独特的方法和有创意的想法，既拓宽了思路，又可以使学习者自觉地取长补短。每次小组的学习都有一定的活动内容和要求，这样学习者就明白要干什么，对学习活动具有明确的目的。对于学习活动，教师只是起着引导的作用，学习的主体还是学习者。这样可以使学习者自己发现问题，好的情况是还能够自己找到解决问题的办法，在解决问题的过程中互相补充。除了知识的学习之外，还能够在潜移默化中帮助学习者形成良好的学习习惯和个性风格特点。在合作学习中允许学习者互相质疑，让学习者在思考和探讨中，思维得到充分发展。

（三）英语合作学习实施

英语合作学习的实施涉及多个方面，如过程操作、教师的作用、学习者的角色、资源的利用和评价的标准等。

第一，从过程操作来看，教师的任务首先是合理分组。分组方式可以是就近组合：将邻近座位的学习者组成两人或多人一组。异质分组：在性别、能力、性格等方面是异质的，这为组内互助提供了可能，同时，异质小组使学习者有良好的自我感觉和接纳他人的目标，每个人都有进行学习的平等机会，并且在异质中互相取长补短。每组内培训一个善于协调并有责任心的组长，负责安排本组成员承担不同任务，协调组员间的关系，使得组员间能很好地交流，检查和评价本组成员的合作学习情况，同时向教师反馈本组的任务完成情况。

第二，合作学习中教师布置任务。一种任务是对教师先前讲述过的内容进行小组合作学习以掌握巩固。另一种任务是项目合作。要求学习者搜集阅读材料，然后一起完成一个共同的任务。

第三，合作学习实施结果的好与差很大程度上取决于对小组成员的行为规则的要求上，即个人责任。这种要求不是空洞的，而是表现在教师对任务的分配上，人人责任不同，如果其中有一人不履行责任，小组则无法完成任务。如要求学习者完成有关新西兰的国家概况介绍的报纸制作。按板块内容分习俗与文化、地理与人口、饮食与特产等分配给不同的成员负责，在搜集信息和整理信息的过程中提高阅读和写作的能力。

第四，教师要明确合作学习中具有整体成就的评价体系。评价分共同拥有一个成绩和平均成绩两种方式。共同拥有一个成绩如上面提到的制作报纸，评价是基于整张报纸的水平，无论各成员是负责哪一个板块的，整体的报纸得分如果是 B，那么，即便是某个人的板块很好，也只能是 B，因为整张报纸的成绩为 B。平均成绩是指尽管个人有成绩差别，但最后的成绩不是按照个人的，而是取小组平均值，作为每个人的成绩。如学完"Great Women"这一课后，要求大家以合作的方式写作文"The Qualities That a Great Woman Should Have"。大家一起讨论文章观点、结构、适用的词汇和句型引用例证等，讨论之后，每个成员都要有一篇习作。当然，每个人的习作成绩不会相同，但最后的成绩是每个成员的平均分，而不是自己的卷面成绩，这样迫使小组讨论之后，在随后的写作中互相关照，写完之后互相修改，以便共同提高平均分。

从学习者本身的角度来看，在英语合作中首先要学会倾听，不随便打断别人的发言，努力掌握别人发言的要点，对别人的发言做出评价；其次要学会质疑，听不懂时，请求对方作进一步的解释；再次，要学会说服，当自己的意见和他人的观点发生冲突时，如何运用适当的技能清楚表达并说服对方或与他人达成共识；最后，还要学会组织、主持小组学习，能根据他人的观点做总结性发言。这样使学习者在交流中不断完善自己的认识，不断产生新的想法，同时也在交流和碰撞中一次又一次地学会理解他人、尊重他人、共享他人的思维方法和思维成果。

为了合作学习更有效地进行，积极开发和利用课程资源，包括教材、其他学习材料和辅助设施，便学习者多渠道、多形式地接触和体验语言与语言运用。积极开发教材，使得教材更加符合学习者的心理和生理特点，更能激发学习动机和兴趣，更能培养学习者的个性发展和创造性。评价要与培养目标相一致，才能让学习者有一种安全感。

以下是几种常见的英语课堂分组活动形式的操作：

（1）Jigsaw。每组五名学习者，每个学习者发给不同的材料。每个组中负责同一份材料的人聚在一起形成专家组，讨论如何处理和教授材料，然后再回到原来的组，进行活动。如对 Scientist at Work 一课的 warming-up 活动设计。

第一步：分组，引入课题，让学生写出他们的所学课目。一人写不全时，大家可互相补充。然后，每人手里拿一个课目。

第二步：按手里的课目，重新组合学习小组，讨论与该课目有关的词汇和话题，并作摘要记录。

第三步：回到原来的小组，每个学生把刚才讨论中获得的信息汇报给现在的组员。

第四步：评价。通过做一个词汇和课程匹配的练习来检测学生的学习结果。

（2）Think-Pair-Share。共分三步：第一步，老师问题提出后，自己思考；第二步，两人一对交流自己的想法；第三步，邻近两对形成组进行交流。

（3）Three-step interview。第一步，每个组选出一个人到其他组里活动；第二步，这个人问他所来到的组里的人问题，然后大家问他问题；第三步，这个人回到原来的组，把所获得的资源与大家共享。

（4）Numbered head。先分四人一组，然后每个人都有一个从一到四的号。老师提出问题，大家讨论。老师点到哪个号，每组中的那个号就回答。

（5）Team-pair-solo。首先，老师提出问题，大家在小组里讨论如何解决问题，然后两人活动解决问题，最后独自完成任务。

（6）Circle the saga。首先老师提出问题，大家有独到见解地出列成为 sagas（英雄）。然后每组的 a 学生去英雄 a 那里，b 学生去英雄 b 那里。各路英雄把自己的见解告诉大家，大家听、提问、记笔记。然后 a 学生、b 学生回到自己组里，讲解给大家听，直到大家理解为止。

（7）Five heads。首先教师提出作文主题，然后把全班分成若干组，选出组长。再由组长按照作文的内容分给每人不同的任务。如第三单元"Travel Journal"一课的写作，老师布置的任务是完成一篇以"旅游应遵守的道德"为题的作文。第一步：五人为一个小组，组长要分配给每人不同的任务，其中包括：第一任务，旅游中应该做的；第二任务，旅游中不应该做的；第三任务，文章结构和题材，完成执笔成文；第四任务，修改和校订组长任务，在班上总结陈述。

从学校管理者的角度，可以为合作学习创设条件，提供开展课外合作学习的机会，如建立合作学习中心（the Cooperative Learning Center），做课题、项目、报纸、演讲、戏剧表演、辩论赛等，培养集体成员相互协作的精神和集体荣誉感，达到共同提高，掌握说服他人的策略，学会倾听，学会质疑、反驳，学会更正、补充；学会求同存异，合作讨论的过程就是明辨是非的过程。合作学习的过程是培养学习者思维能力、创新能力和分析问题解决问题的能力的过程。

四、英语有意义学习方式

20 世纪 60 年代，美国教育心理家奥苏贝尔（D. P. Ausubel）针对人们对发现学习的推崇的现象，对接受学习进行了深入的分析和研究，并在此基础上提出了有意义学习理论。我们通常说的发现学习是指布鲁纳的发现学习理论，其基本观点是强调学习过程，学习者在学习过程中主动积极地探究知识。发现学习强调直觉思维，直觉思维的本质是映像或图像性；发现学习强调内在动机和信息提取，布鲁纳认为好奇心是学习者内部动机的原型，对记忆的过程不是储存而是提取。而接受学习理论则认为，教学过程是一个特殊的认知过程，学习者主要是接受间接知识，这一特殊性决定了学习者获取大量知识必须是接受性的。接受学习是指通过教师以现成的、定论的形式呈现的材料来掌握知识的一种学习方式，学习内容往往以定论的形式直接呈现出来，不要求学习者通过独立的探索去发现知识，只需将传授者讲授的材料加以内化和组织，以便在必要时再现和利用。奥苏贝尔在学习即认知结构的重组和认知同化论的理论基础上，提出了有意义学习理论。有意义学习理论具有丰富的内涵，它既重视原有认知结构的作用，又关注学习材料本身的内在逻辑关系。

奥苏贝尔认为："一种真正实在的、科学的学习理论主要关注在学校里或类似的学习环境中所发生的各种复杂的、有意义的言语学习，并对影响这种学习的各种因素予以相当的重视"。"影响学习的最重要的因素是学习者已知的内容。"这一条原理是奥苏贝尔整个理论体系的核心。奥苏贝尔认为要使学生的学习有价值，就应该尽可能地有意义。他在大量的实验基础上得出结论：认为接受学习必然是机械学习，发现学习必然是有意义学习是毫无根据的。无论接受学习还是发现学习，都可能是机械的也可能是有意义的。如果讲授得法，接受学习并不一定导致学生机械学习，发现学习也并不能保证学生一定是有意义学习。奥苏贝尔的有意义学习和机械学习是两类学习条件和心理机制不同的学习类型。机械学习的心理机制是联想，它依赖刺激反应的接近、重复和强化而实现；而有意义学习的心理机制是同化，学生能否习得新信息，主要取决于他们认知结构中是否有有关概念和新概念之间的相互作用。

（一）奥苏贝尔的"有意义学习"概述

奥苏贝尔的有意义学习代表了典型的学习认知观。按照学习认知观，学习是一个主动的、积累的、建构的、诊断的、情境化的具有目标导向的过程。学习不会自动地产生，而需要学习者进行大量的、高密度的心理活动。这些活动涉及学习者对已获得知识进行意义归属；将新知识整合到已有的知识结构或智力模型中。有意义学习是有目标导向的，学习目标不同，会产生不同的意义，因而会导致不同的学习结果。因此需要应用元认知策略进行不断的诊断，从而判断认知活动是否有助于达到学习目标。学习是有情境特征的，学习不会发生在真空中，而是发生在特定的场景中。将知识从特定情境中分解出来并迁移到其他情境中需要学习者很大的努力。有意义学习的过程是新的意义被同化和改组的过程，在学习头脑中产生新的意义。

有意义学习的实质就是符号所代表的新知识与学习者认知结构中已有的相关旧知识建立一种实质性的非人为的联系的过程。所谓非人为的联系，是指新知识与认知结构中有关观念在某种合理的或逻辑基础上的联系。所谓实质性联系，是指新的符号或符号代表的观念与学习者认知结构中已有的表象、已经有意义的符号、概念或命题的联系。有意义学习的产生既受学习材料性质等外部条件的影响，也受学习者自身因素即内部条件的影响。外部条件是指学习材料具有逻辑意义。这种逻辑含义指的是材料本身与人类学习能力范围内的有关观念可以建立非人为的和实质性的联系。有意义学习的内部条件包括三个方面。首先，学习者必须具有有意义学习的心向。有意义学习的心向，是指学习者积极地将新旧知识关联起来的倾向。其次，学习者认知结构中必须具有适当的同化新材料的知识基础，以便与新知识进行联系。所谓同化是指学习者头脑中某种认知结构吸收新的信息，而新的观念被吸收后，使原有的观念发生变化。概念被同化的特征是学习者将概念的定义直接纳入自己的认知结构的适当部位，通过辨别新概念与原有概念的异同而掌握概念，同时将概念组成按层次排列的网络系统。最后，学习者必须积极主动地使这种具有潜在意义的新知识与认知结构中的旧知识发生相互作用，使旧知识得到改造，新知识就获得实际意义，即心理意义。

意义本身并不是意义学习过程的产物。由此，奥苏贝尔考察了有意义的学习材料是如何被同化到学习者的认知结构中去的。根据学习材料的不同，奥苏贝尔把有意义学习分为三种类型：（1）表征学习。表征学习是学习单个符号或一组符号的意义。表征学习的主要内容是名称学习。表征学习不是完全任意的学习，每一个客观事物都有其固定的名称，名称要和实物的视觉影像形成固定的联系。正是学习者不能任意赋予符号以意义，就符合了有意义学习的准则，即符号与物体之间有实质性的必然联系，所以表征学习虽然在有意义学习和机械学习这一连续体上，相对说来处于机械学习端，但也并不完全是任意性的。（2）概念学习。概念学习是指掌握同类事物的共同的关键特征。学习者从大量的同类事物的不同例证中发现同类事物的关键特征这种获得概念的方式叫概念形成。也可以用定义的方式直接向学习者呈现，学习者利用认知结构中原有的有关概念理解新概念，这种获得概念的方式叫概念同化。概念具有逻辑的和心理的意义。从逻辑上讲，概念是指在某一领域中因具有共同特征而被组织在一起的特定事物。学习者在概念学习中的主要问题，是要找出他所面对的一类物体的关键属性。概念学习一般要经历两个阶段，即形成概念和学习概念。概念的形成过程，是学习者的一种典型学习。但大多数概念的意义是通过定义习得的，定义为学习者提供了概念的关键属性。（3）命题学习。命题是以句子的形式表达的，可以分为两类：概括性命题和非概括性命题。概括性命题表示若干事物或性质之间的关系，如"老虎会吃人"。非概括性命题只表示两个以上的特殊事物之间的关系，如"那只狗咬了我"。在命题学习中也包含了表征学习，要了解该句子所表述的意义。命题学习必须以概念学习为前提。当学习者有意义地学习命题时所学习的句子与学习者认知结构中已有的概念会建立起联系。奥苏贝尔认为，新学习的命题与学习者已有命题之间的关系有以下三种类型：下位关系、上位关系和组合关系。

有意义学习方式从培养学习者良好的认知结构的教学目标出发，反复强调逐渐分化和综合贯通的学习原则。

逐渐分化，就是指教师在教学中要根据人们认识新事物的自然顺序和认知结构的组织顺序，对知识进行由上位到下位、由一般到个别的纵向组织。这种顺序，不仅与人类习得认知内容的自然顺序相一致，而且与人类认知结构中表征、组织和贮存知识的方式相吻合。教师有意识地用这种方式来安排教学内容的话，就能使学习者的学习达到最佳水平。教学单元应按包摄性程度由大到小依次呈现，这样就可以为每一教学单元提供理想的固定点。如果每一教学单元里的内容也是逐渐分化的，那么，学习者在面临任何新的教学内容时，都已具有理想的周定点了。反过来说，后面学到的新知识也不断地扩充、巩固和分化前面学过的知识。在这种情况下，教师只需使用一系列按层次结构排列的先行组织者便可解决这一问题。

综合贯通（integrative reconciliation），指如何对学习者认知结构中现有要素重新加以组合，即从横的方面加强教材中概念、原理、课题乃至章节之间的联系，消除已有知识之间的矛盾与混乱。综合贯通策略要求教师帮助学习者牢固掌握知识间的区别和联系，指出它们的异同，将前后出现的连贯观念表面上或实质上不一致的地方融会贯通使之成为完整的知识体系。整合协调主要表现在上位学习和组合学习中。例如学习者可能已经被告知 safe 和 secure 是同义词。学习者会随意使用 "It's safe to say." 或 "It's secure to say" 从而造成学习者对这两个词的混淆使用。但一旦学习者被告知跟不定式常用 safe 时,他们便对原来的知识进行整合和修改,从而逐渐明确这两个词的相同与不同。也就是说,对新的知识经过整合协调后,原有的概念和命题得到了修饰,认知结构中被增加了新的意义。综合贯通中对新知识起固定作用的旧知识的可利用性是影响新知识学习的首要变量。根据有意义学习理论,在新知识的学习中,如果学习者的认知结构中没有适当的可利用的旧知识来同化新知识,那么学习只能是机械的学习。新知识与旧知识的可辨别性也是影响学习迁移的重要变量。如果在认知结构中,新旧知识的可分辨程度很低,那么,新获得的意义的最初可分离强度就很低,如母语的知识常常会对英语学习产生影响。其实,汉语词汇和英语词汇很难有完全对等的意义,如果不分辨出它们之间的差异则母语对英语词汇的学习会造成负迁移。

有意义学习方式采用先行组织者策略,加强在学习过程中新旧知识之间的联系。先行组织者策略是指在正式学习新知识前,向学习者介绍一种他们比较熟悉,同时又高度概括性地包含了正式学习材料中的关键内容,这些内容在抽象、概括和包摄水平上普遍高于新知识,也与学习者个人的参照系相联系。这些引进的内容,充当新旧知识联系的桥梁,奥苏贝尔称为"组织者"(organizer)。由于这些引进的内容是在学习者正式学习新知识之前呈现,故又称为"先行组织者"(advance organizer)。先行组织者教学策略的种类之一是说明性组织者,用于对新知识提供一个上位的类属者,如讲解英语不定式 to do 的用法时,在抽象和概括性较高的层次上描述不定式的基本用法。另一类是比较性组织者。如果学习者对新知识不完全陌生,新知识能与认知结构中的相关知识联系,如讲解英语动词的过去分词用法时,结合已学过的动词现在分词用法,两者相比较来理解过去分词的结构和意义。"比较性组织者"策略能帮助学习者事先分清新旧知识间的异同以增强新旧知识间的可辨别性,从而将概括性观念渗入学习者认知结构中。先行组织者教学方法往往为讲解法。先行组织者学习模式分三个阶段。第一阶段的教学过程为呈现先行组织者,如给出例子,提供上下文,使学习者意识到相关知识和经验。第二阶段的教学过程为呈现学习任务和材料,如使学习材料的逻辑顺序外显化、保持注意、呈示材料、演讲、讨论、阅读材料等。第三阶段的教学过程为扩充和完善认知结构，使用综合贯通原则，促进积极地接受学习，提示新旧概念知识之间的关联。

（二）有意义学习中的动机因素

有意义学习非常注重成就动机，即学习者试图获取好成绩的倾向。有意义学习的成就动机主要由三方面的驱力所组成。

1．认知驱力

认知驱力（cognitive drive）是成就动机三个组成部分中最重要、最稳定的部分，它大都存在于学习任务本身之中的所谓认知驱力，就是指学习者渴望认知、理解和掌握知识，以及陈述和解决问题的倾向。简言之，即一种求知的需要。它发端于学习者好奇的倾向，以及探究、操作、理解和应付环境的心理倾向。这些心理倾向最初都是潜在的动机因素，它们本身既无内容也无方向。这些潜在的动机因素之所以变为实际的动机因素，一方面是成功学习的结果，学习者预期到未来的学习可能会得到满意的结果；另一方面是家庭和社会中有关人士影响的结果。因此，如果要形成学习者的认知驱力，使它成为学习者在校学习的动机，就必须重视认知和理解的价值，并以此为目的。动机变量对认知学习和记忆过程的影响与认知变量的影响有所不同。动机变量一般不直接涉及认知学习的过程。它们是以增强努力、注意和学习准备等为中介来影响认知过程的。动机变量对记忆的影响，一般是以有选择地抑制再认和再现为中介来影响信息保持的，因此，动机变量只影响特定信息的提取。由此可见，动机是引发认知学习的原因，但更多的是认知学习的结果。

2．自我提高驱力

自我提高的内驱力是一种通过自身努力，胜任一定的工作，取得一定的成就，从而赢得一定的社会地位的需要。它与认知内驱力的区别在于：认知内驱力的指向是知识内容本身，它以获得知识和理解事物为满足；自我提高的内驱力指向的是一定的社会地位，它以赢得一定的地位为满足。在社会中一定的成就总能够赢得一定的地位，成就的大小决定着他所赢得的地位的高低。自我提高的学习动机会使学习者变得更加努力，会使学习者努力地提高自己的能力，努力地获得好的学习成绩，在同伴中赢得优越的地位。

自我提高的内驱力的作用时间往往比认知的内驱力还要长久。认知的内驱力往往随着学习内容的变化而发生变化。当学习的内容不能激发起学习者的认知兴趣时,认知内驱力就要下降或转移方向。

过分强调自我提高的内驱力的作用,会助长学习者的功利主义倾向,使学习者把学习看成是追求功名和利益的手段,而降低对学习任务本身的兴趣。因此,培养和激发自我提高的内驱力一定要与培养和激发学习者的认知内驱力结合起来,使内部动机和外部动机都发挥应有的促进学习的作用。

3. 附属驱力

附属驱力是指个人为了保持长者或权威的赞许或认可,而表现出来的一种把学习或工作做好的需要。对于学习者来说,附属驱力表现为,学习者为了赢得家长或教师的认可或赞许而努力学习,取得好成绩的需要。附属驱力与自我提高的内驱力有明显的不同。不同之处主要在于:(1)两者追求的目的不同。自我提高驱力追求的是赢得一定的社会地位;附属驱力追求的是长者或权威人物的认可。(2)自我提高的内驱力以自我能力的提高和学业成就的提高为中介,以展示自己的能力和才干,得到公众的认可为满足;而附属驱力以满足或达到长者或权威的要求为中介,以得到长者或权威人物的认可和赞许为满足。(3)自我提高驱力所对应的奋斗目标是在客观社会的影响下内化而成的个人确立的目标;而附属驱力所对应的奋斗目标则是由长者或权威人物给确定的。(4)学习者在附属驱力的促使下,从长者或权威人物的认可和赞许中也会获得一种派生的地位。但这种地位与自我提高驱力所赢得的一定的社会地位不同。这种派生的地位不是由学习者本人的能力或成就水平决定的,而是从他追随和依附的长者或权威人物所给予的赞许中引申出来的。

附属驱力有比较明显的年龄特征。在年龄较小的儿童身上,附属驱力是成就动机的主要成分。随着儿童年龄的增长和独立性的增强,附属驱力不仅在强度上有所减弱,而且在附属对象上也从家长和教师转移到同伴身上。在青少年时期,来自同伴的赞许或认可将成为一个强有力的动机因素。成就动机的这三种内驱力成分,在不同年龄、不同性别、不同社会阶层、不同民族和不同人格结构的学习者中比重各不相同,也随着这些因素的变化而变化。

(三)英语有意义学习的运用

学习者在有意义的学习中,并不是将现成知识简单地并到原有认知结构中去，而要经过一系列积极的思维活动，因此，有意义学习是一个主动的过程。这一系列的思维过程包括对新旧知识的"适合性"作出切实而有效的判断，调节新旧知识间的矛盾，把新知识转化到学习者个人的知识经验、背景、词汇、概念等参数中来，对更有概括性、容纳性的概念进行再组织，从更高的层次上进行新旧联系，从而实现有意义的学习。根据有意义学习是一个主动学习的过程的特点，可以勾画出有意义学习的一般实施程序。

第一，创设有意义学习的形成条件。前面提到过有意义学习要满足两个先决条件：学习者表现出一定的学习心向，即表现出一种学习新内容与自己知识之间的联系的倾向；学习内容对学习具有潜在意义，即能够与学习者已有知识结构联系起来。有意义学习不是消极被动地接受学。在教学中，教师要把握好两个标准：一条标准是看看学习者能否将学到的知识加以运用，另一条标准是看学习者能否归类和系统化知识，在教学中，教师必须要求学习者将所学的知识归类和系统化，建立知识之间的联系。

第二，帮助学习者形成有意义学习心向。要使学习者形成有意义学习心向，重要的前提是让学习者把学习的任务与适当的目标联系起来，追求某种价值，并把学习内容与以前学过的知识联系起来，运用新的知识与技能去探究问题，等等。学习者在学习中对设定目标的追求和尝试才能使学习者的学习变成有意义学习，也就是说，学习者学习必须积极建构他们自己头脑里的知识。教师在教学中要采取各种方法调动学习者的求知欲，激发他们建构新旧知识之间的联系。

第三，建立新旧观念的实质性、非人为性联系。学习者获得了有意义的学习心向后，并不等于就能独立地思维和获得思维结果。如果教师呈现的概念、原理与学习者原有认知结构完全脱离，那么，学习者对这种材料的学习只能是建立表面联系的机械学习。让学习者形成有意义的学习方法是引导学习者正确地理解，而不是死记硬背、简单模仿。所以，教师要为学习者的有意义学习做好各种必要的准备。这些准备越充分，学习者接受知识就越容易。教师有机结合新旧知识，讲透所学知识之间的关系，充分调动学习者的主动性和积极性，培养学习者养成良好的学习习惯，教会学习者学习的正确方法等，这些方面的工作做得越好，学习者也就学得越有意义。有意义学习是一种以思维为核心的理解性的学习，对培养学习者的学习方法，减轻学习负担大有作用。

第四，使学习内容尽可能变得有意义。英语教材的编写具有一定的逻辑性。如一般以听和说为先，其次是读和写。如果学习者只能通过母语词汇来写出相对应的英语单词，那就不是有意义学习。知识的前后联系，从一般到特殊，从体验、认识再到总结、概括的过程也是个逻辑关系。

第五，运用事前结构材料。教师先把一段简要的文字介绍给学习者，这段文字通常要比即将学习的新材料具有更高的抽象性、普遍性和广泛性；一般来说，事前结构材料有助于学习者接受或同化新的材料。新概念的获得依赖原有认知结构中适当概念，通过新旧知识相互作用，即新旧意义的同化，使新的概念获得得以实现。教学中合理地选择同化学习模式，有利于提高学习效果，如词汇学习，就可以用同化模式来加强记忆，区分同义词。学过 fruit 这个词之后，再学 apple，banana，pear 等词时，就可使学习者主动将这些词与 fruit 联系在一起，理解它们之间的关系，并且运用在表达中，如 I like eating fruits，especially apples．或：I like eating apples，pears and other fruits．

第六，了解学习者的原认知结构。促进学习者形成良好的认知结构的首要任务是了解学习者的原认知结构。新的知识的获得总是在已有的认知结构的基础上进行的，新旧知识相互作用、相互整合。掌握了学习者原有的认知结构，判断学习者用来同化新知识的原有知识是否巩固和清晰，就能进行有针对性的教学，从而将新知识纳入原有认知结构中。比如学了 walk 之后，再学 stroll，stride，strut 等词的意义时，依赖 walk 的意义，就很容易学会，这些只是走的方式不同罢了。在学习者原来的认知结构中加上了新的意义。

第七，运用先行组织策略进行有意义学习，促进学习和保持信息。如根据不同的学习内容选择运用说明性的组织者和比较性组织者，使得新知识与旧知识中的相关知识进行整合，增加新旧相关知识之间的可辨别性。在时态教学中，不同时态的结构比较、意义比较；词汇学习时，尤其是近义词，词的语法意义的比较、文化意义的比较、联想意义的比较、语义特征的比较等使得近义词的辨别很清晰。

第八，评价学习者。教师可在日常生活中，通过倾听学习者的反应、仔细观察和记录学习者的进步与不足等方式进行评价。教师提供一种让学习者自由讨论、自由提问、无拘无束地发表见解的场合，也是评价准备的重要方面。

有意义学习方式对于教育发展具有重要意义。有意义学习的特点是学习者全身心地投入，身体的、心理的、认知的、情感的、逻辑的、直觉的，都和谐统一起来，其结果既是认识和能力的发展，又是情感和人格的完善，所以它是一种发展人的学习，这对于素质教育和发展学习者的非智力因素有着重要的意义。有意义学习过程是认知过程与情意过程相统一的过程，是智力因素与非智力因素共同作用的过程。

第二节　引导大学生优化学习方式

大学生可塑性强，要积极研究大学生优化学习方式的对策，引导大学生顺利成长成才。

一、明确学习目的，端正学习态度

"必修课选逃，选修课必逃。"逃课，成为大学生学习中的不和谐音符。究其原因，最主要的还是部分学生学习目的不够明确，以至于学习态度不够端正，得过且过。高尔基说过："一个人追求的目标越高，他的才能就发展越快，对社会就越有益。"目标是激发人的积极性、产生自觉行为的动力。人一旦没有了生活目标，就会意志消沉、浑浑噩噩。因此，要通过深入细致的思想政治教育，引导大学生志存高远，脚踏实地把自己的本职工作学习搞好。

（一）引导大学生明确学习目的

一是要引导大学生确立近期目的与长远目标相结合。学习目的是由个人的学习需要决定的，只有在满足了自己最近的需要以后，才会去想较远的目标。个体在实现自己的需要时，离自己距离越近的需要，行动起来，动机就越强，兴趣就越浓。近期目的与长远目标各有很好的促进作用，近期目的相对长远目标而言，虽然对学习动机兴趣的激发要快一些、强一些，但长远目标的维持时间较长。因此，要肯定大学生近期的、具体的学习目的，鼓励大学生树立长期的、远大的学习目标，使二者有机结合起来。

二是要尊重大学生对自己学习目的的选择。大多数学生的学习目的是指向自己或指向他人的。在传统观念中，人们总是贬低个体需要，不切实际地夸大和抬高社会需要的价值。事实上，只要是能够引导大学生积极学习的原因，能成为他们主动学习、积极向上的动力，不管哪种学习目的，都应当给予肯定。从宏观来看，即使是为个人目的而进行的学习，最终的结果也都必然要在社会中去实现，都是在为社会服务。因此，要承认大学生的选择，使低层次的学习目的自然地融合到高层次的学习目的中去，从而更大地激发大学生的学习积极性。

三是要加强大学生社会责任感的培养。每个人都是社会人，尤其是青年大学生，他们毕业后走上社会就会成为社会的中流砥柱。只有当大学生认识到当前学习与实现伟大事业的联系时，才能体会到掌握科学文化知识的重要性。因此，要加强大学生对社会主义核心价值体系的认识，明确社会赋予他们的历史使命，增强社会责任感，与自己的学习结合起来，完成从"小我"到"大我"的过渡，完成高校教书育人、为祖国培养人才的目标。

（二）引导大学生端正学习态度

一是要培养大学生的学习兴趣。通过调查，我们发现一个十分难解的现象，就是一些大学生这山望见那山高，不爱本校爱他校，不爱本专业爱他专业，如学医学的爱工程，学工程的爱财经，等等。兴趣不专，难免肤浅。结果往往是无"专"而求"博"，两头不精。对事物的兴趣是学习者学习的重要动力，一个人对某些未知事物的强烈兴趣，会推动他产生想了解的强烈愿望，从而形成积极的学习态度。因此，要加强专业思想教育，提高课堂教学的魅力，促使大学生对自己的专业产生浓厚的兴趣。

二是要帮助大学生消除学习中的消极情绪体验。教育实践表明，有些学生不良学习态度的产生和形成，往往是由于他们学习中因多次失败而产生的消极情绪体验积累的结果。由于心理上形成了"学习即痛苦"的消极情绪反应，他们虽能在认识上懂得学习的重要，但还是不爱学、不愿学，甚至逃避学习。要正确对待这些学生的消极态度，当他们学习上受挫时，要帮助其找出学习失败的原因，指导他们改进学习方法，增强其信心。更重要的是，教师要在教学过程中创造各种情境，使他们在学习上不断获得成功，产生积极的情绪体验，从而转变其消极的学习态度。

三是要充分发挥集体的力量。个人总是属于集体，集体的性质和规范，无不影响个人的态度。在转变大学生的不良学习态度时，可以利用集体规范和集体压力的影响，促使每一个大学生按集体规范去做。集体的力量是无穷的，利用集体规范的影响转变大学生的学习态度，比逐一转变态度更有效。为此，要加强班级和宿舍等集体的管理，使集体有正确的行为规范，有严明的纪律约束，特别是有崇尚学习、奋发向上的良好班风、舍风，使同学们在良好班风、舍风的感染下，在群体规范的制约下，逐渐端正学习态度。

（三）对不同年级的大学生进行阶段引导

不同年级的学生有不同的需求侧重点，对学习的认知水平也有差异。要结合实际，针对性地做好教育引导工作，促进大学生全面成长，全体成才。

一年级学生刚步入大学校门一时难以适应与中学迥然不同的学习。在入学教育和军训期间，要全面介绍学校、学院和专业情况，让同学们在了解的基础上产生认同，奠定坚实的专业思想基础。要重点做好学习的适应指导，及时开展职业生涯规划教育，引导他们树立新的学习目标，学会探究性学习、合作性学习、自主性学习学习方法等，帮助他们找到适合自己的方法。二三年级的大学生，已经拥有了一两年的大学生活，学习上没有心理压力，求知上进的要求有些减退。这个时期是学习目的与方向多变时期，会受社会及各方面的舆论与指导所影响，有一定目标但还没最终成型或为之全力以赴，在边实践边探索，努力寻找适合自己的道路。对他们要重点抓专业思想教育和技能教育，加强纪律教育，强化学生的成才意识，牢固树立专业思想，注重提高自身专业学习水平和技能水平。

四年级的学生面临着毕业后何去何从的选择，由于当前就业形势日益严峻，他们的压力也与日俱增。对希望早日踏入社会的同学来说，这一阶段的主要学习目的除了学好课本知识外，还包括参与社会活动，进入相关企事业单位实习，早日体验社会工作，学习相关的人际交往、沟通和营销自我的能力。要重点抓适应市场、适应社会的就业教育，培养学生的社会责任感和时代紧迫感，敢于和善于面对竞争和挑战。

二、引导博览群书，培养自学能力

大学生应该首先是通才，之后才是专才。古人云，博学之，审问之，慎思之，明辨之，笃行之。博学作为多所大学的校训内容，鞭策着一届又一届的青年学子。立志、修身、博学、报国，是时代赋予大学生的使命。要引导大学生善于利用图书馆、广泛涉猎知识等，培养大学生的自学能力。

（一）引导大学生善用馆藏资源

图书馆是一个时代思想最先进、知识最密集、文明程度最高的特殊场所，不仅拥有丰富的文化馆藏、先进的技术手段，而且有着完善的服务设施和优雅的学习环境。然而，大学生对图书馆的利用率并不高，经常去图书馆的学生仅有 23.3%，还有 20.2% 的学生"很少去"甚至"没去过"图书馆。因此，要引导学生学会善于利用图书馆的丰富资源。

首先，培养大学生获取信息的能力。这种能力比图书馆里的知识更重要，因为这是"渔"。当今社会是信息时代，大学生一定要懂得怎样最有效地获取所需信息。要通过举办讲座等，让同学们了解图书馆的文献、服务分布、规章制度等有关信息，学会文献检索，即图书馆文献的目录检索、计算机检索方法以及检索的一般策略，学习网络检索的基本知识和搜索引擎的使用方法与技巧。

其次，培养大学生自主学习的能力。大学课堂上知识量大，仅凭听讲就完全达到学习要求对大学生来说有一定的难度，教师应提倡学生在课下多进行自主性学习，图书馆无疑是同学们巩固课堂知识、丰富课外知识的最好选择。要鼓励大学生经常去图书馆，哪怕到了图书馆只是随便翻翻看看，也会让大学生活充实许多。需要注意的是，要引导大学生有选择地阅读，而不是囫囵吞枣、滥竽充数。

再次，培养大学生自觉泡图书馆的习惯。由华东师范大学主持的"本科生图书借阅情况调查"发现，喜欢借书的大学生文理学科分布较为均衡，去年本科生人均借书量达到 21 册。尽管当前网络和多媒体技术发展迅速，电子读物逐渐成为信息资源记载和传播的主要载体，但仍然无法代替传统纸质图书的重要地位。屏幕界面的电子阅读和纸张界面的纸本阅读，两者以其各自特有的优势交互并存。图书馆文化氛围浓郁，环境优雅，比教室更添几许独特的魅力。可以鼓励学生多泡图书馆，在舒适轻松的环境里享受学习的乐趣。

（二）引导大学生广泛涉猎知识

有些学生只注重专业学习，而对其他方面缺乏了解，这样既阻碍了自己的视野，同时也使自己的某些观点、某些想法存在狭隘的偏见而影响深远。

据统计，四年大学的绝对时间是 8 个学期，计 1420 天。四年中寒假、暑假、双休日、法定节假日等合计 710 天，占四年大学时间的 50%。在剩余的 710 天中，课堂时间如按平均每天 6 个小时计算，也不过仅占四年大学时间的 13%。由此计算，在四年的大学生活中有三年半的课余时间。因此，要培养学生的兴趣，提高课余时间的性价比。一是坚持开卷有益。英国哲学家培根说过：读史使人明智，读诗使人聪慧，数学使人缜密，博物使人深沉，伦理使人高尚，逻辑修辞使人善辩。大学前两年专业课开设少，压力相对还比较小，大学生可以爱我所爱广泛涉猎，喜欢什么方面的知识就去图书馆或者上网了解。大学后两年学习的都是专业知识，要鼓励大学生就自己感兴趣的领域多角度深入研究。二是坚持广开源路。学习知识并不局限在课堂内，要通过增设选修课程、举办人文讲座和思想论坛等，引导同学们自觉学习人文知识，提高人文素养。

（三）引导大学生养成自学习惯

教育家 B．F．Skinner 曾说：“当我们将学过的东西忘得一干二净时，最后剩下来的东西就是教育的本质了。”所谓“剩下来的东西”，其实就是自学的能力。大学生是具有丰富知识和综合能力的新型人才，自学能力是当代大学生必须具备的基本能力之一。无论是现在还是将来，一个具有较强自学能力的大学生始终能够站在时代和科技发展的最前沿，在激烈的社会竞争中立于不败之地。因此，要引导大学生养成自学的好习惯。

一是要加强硬件建设，优化自学环境。随着扩招步伐的深入，大学生规模也在迅速壮大，然而教室、图书馆等学习资源并没有与之相配套增加。占位儿成为大学校园里一道独特的风景线，集中复习考试期间更是一座难求。因此，要大力加强自习室、图书馆等学习场所的硬件建设，为大学生养成自学习惯奠定基础。

二是要加强学风建设，养成自学习惯。首先，要指导大学生适应大学学习，入学教育要讲解大学学习的特点，让同学们有较为积极的感性认识，做好从高中阶段的“要我学”变为大学时代的“我要学”的思想准备；其次，要加强学习方式方法的指导，帮助同学们早日找到适合自己的学习方法，增加学习兴趣，提高学习效率；再者，要加强大学生学习的监督管理，对有松懈情况的学生及时给予警醒，敦促大学生在学习上一个都不掉队。这样，多措并举促进大学生养成自学的好习惯。

三是要加强实践教学，强化自学能力。在实践过程中，大学生可以把学到的理论得以验证并获得个性化体验。要搭建多种实践平台，加强实践教学，引导大学生积极强化自学能力。

三、引导科学用网，为理想插上翅膀

（一）主动占领网络阵地

网络是继报刊、广播、电视之后兴起的第四媒体，它具有传播范围广、交互性强、实时更新等方面的巨大优势。作为现代传媒的重要手段之一，网络已经成为意识形态斗争的新阵地。

高校要用积极健康的思想文化占领网络宣传教育阵地。一是校园网要适合大学生特点，以信息对口吸引大学生。如开辟校园论坛使之成为大学生学习知识、抒发情感、探讨人生、"聊天灌水"的好地方，同时为学校思想政治工作者了解学生、走进学生心灵提供方便。二是要组建一支结构合理的网站人才梯队，抢占网络阵地"制高点"。梯队中既有"网络宣传员"，又有"网络工程师"，这样无论遭遇什么新情况、新问题都能游刃有余地面对。三是倾听师生呼声，把校园网作为畅通民主办学渠道的重要载体。如通过开设"书记信箱""校长信箱"等，对广大师生反映的问题给予解决，对广大师生有疑惑的问题给予及时解答。四是要注意正确认识和处理好几个关系，即"趋利"与"避害"、"监督"与"引导"、"教育"与"服务"、"网上"与"网下"等几个重要关系。充分认识互联网的利与弊，通过扎实努力的工作，加强正面引导，坚持用优秀的思想文化占领高校网络阵地。

政府部门要加强对网络的监管，执行严格的责任追究制，严厉打击网络犯罪，最大化净化网络环境。网站管理员要加强对网络信息的监控和分析，提高文化建设的针对性和宣传质量。网络评论员要加强对网络舆论的引导，主动介入知名论坛和交互式栏目的讨论，引导人们关心的热点和难点问题，确保网络文化的正确导向。政府部门应加强培养商业网站的社会责任感，要求他们不能为了经济利益出卖良知，主动对网站上的信息进行认真筛查。

（二）引导大学生文明上网

由于互联网的虚拟性，传统道德的约束力、法律的权威性均被弱化，在现实生活中遵纪守法的大学生一旦成为网民就有可能目无法纪，传统道德中的社会舆论、内心信念和传统习惯对大学生的约束，在网络世界中形同虚设，网络道德行为失范的现象时有发生。因此，要加强网络道德教育，引导学生文明上网。

目前，大学生网络道德主要牵涉知识产权、信息安全、个人隐私等方面的问题。网络道德教育既要有网络意识、网络规范和网络行为准则的灌输，也要有网络道德情感和意志的培养；既要有对理论的传授与讨论，也要有对具体的网络道德失范行为的剖析与评价。可以通过开展"网德"大讨论活动，强化网络上的自律意识和道德意识，提高网络自我教育的功能，培养高尚的网络道德情操和行为。

开展网络道德教育要与法律、法制教育相结合。要教育大学生了解并遵守有关网络管理中的法律、法规，促使、引导他们形成良好的、自觉的网络道德观，自觉约束自己的网络行为，切实履行维护网络空间秩序的社会（包括现实的和虚拟的）责任和义务。

（三）正确利用网络创造价值

网络带来了挑战，也创造了机遇，有的大学生沉溺网络游戏断送未竟的学业，有些大学生却能把网络打造成聚宝盆，通过开办网店等学会自主创业。财经类专业的大学生中"网络淘金"的比较多。网络创业风险小、灵活便捷，特别是个人网上开店门槛低、投入成本小，比较适合资金有限的大学生。不少学生就在淘宝、拍拍、易趣、当当等网站开网店销售产品，成功案例屡见不鲜。但是，网络创业并非"零风险"，大学生涉世不深，在市场鱼龙混杂的现状下，一定要加强对大学生的教育，引导他们做到以下三点：首先，要在保证学业的基础上充分调研市场，了解顾客群体的需求，做好充分的准备；其次，要组建合理的创业团队，成员应各有专长，能胜任各自分工负责的工作；再者，规划好近期和长远发展目标，明确各阶段的工作重点。

网络创业要警惕传销陷阱。近来从事传销的不法分子改换了传销的形式，以更为隐蔽的方式、打着一些貌似合法的幌子来诈骗，要教育创业心切的大学生们切勿轻信、传播此类信息，对于貌似真实的信息，也要事先向工商行政管理部门请教求证，为大学生的安全保驾护航。

四、加强教师队伍建设，积极发挥主导作用

教师是大学生学习主渠道即课堂教学的主导者，也是大学生成长成才的指导者和引路人。教师在教学过程中是影响学生、影响教学过程的诸因素中的最积极的因素，是能够制约其他因素的因素。在教学过程中强调学生的主体地位，也不能忽略教师的主导作用。轰轰烈烈的教改过程中，教师的角色意识明显加强，但教育教学手段改进情况尚不能满足大学生日益多样化的学习方式的需求。因此，要注重加强教师队伍建设，提升教师教学品质，真正做到教学相长，让教师在大学生成长成才的过程中发挥更为积极有效的主导作用。

（一）强化角色意识

从传统的教育思想来看，教师的职责是传道、授业、解惑。为"师"要有自己的基本观点、知识和学术水平，要有娴熟的解决疑难问题的教学方法；为"表"要有高尚的品德与情操，要有崇高的精神境界。现代教学思想则在此基础上对教师提出了更高的要求，因此，教师要强化角色意识。

一是要强化责任意识。教师不是雕塑家，却塑造着世界上最珍贵的艺术品。大学教师更是肩负着为国家培养有理想、有道德、有文化、有纪律，能适应市场经济和社会发展需求的不同层次的高级专门人才的历史重任。教师要增强责任感和事业心，把追求理想、塑造心灵、传承知识当成人生的最大追求，关爱每一名学生，关心每一名学生的成长进步，努力成为学生的良师益友，成为学生健康成长的指导者和引路人。

二是要强化奉献意识。很多人认为高校教师工作轻松、收入高，其实他们并不知晓大部分辛勤工作在教学一线的教师只能靠工资维持基本生活。少数高校富翁大都是兼职成了主业，教书退为副业，这对整个教师群体产生了消极刺激。因此，要在改善教师待遇的同时强化教师的奉献意识，让他们切实履行好教书育人的神圣使命。

三是要强化创新意识。当今时代知识更新的周期越来越短，培养创新型人才的教师更需要自觉强化创新意识。要培养全面发展的优秀人才，必须树立先进的教育理念，敢于冲破传统观念的束缚，在办学体制、教学内容、教育方法、评价方式等方面进行大胆地探索和改革。

（二）提高自身素质

教师的角色行为，第一是在教学过程中确定教学内容和手段，为学生规定某一学科领域所必须掌握的稳定的基础知识和工具性知识的范围；阐明有关科学技术领域的基本发展方向、思潮和趋势；对大学生一般发展、世界观和扩大科学发展的视野提出要求。第二是采取各种教学措施激励学生发挥个人最佳的学习潜能，协调学生的能力与课程、教学程序、教学媒介、作业之间关系，作出合理的安排。第三是创建优良的班级气氛和规范性的团体动力结构。第四是配合学校和学科的教学目标，帮助学生充实学习经验，选择评估学生表现的方法，并利用评价的结果，增进学习和教学效果。因此，教师要高质量完成自己的角色任务，就需不断提高自身素质。

一是要不断丰富学识。俗话说得好，要给学生一碗水，老师就得有一桶水。当代大学生求知欲强，网络的普及为他们拓宽知识面提供了非常便利的条件，他们对教师的期盼值也越来越高。教材的权威性决定了它的更新速度，如果仅以教材和教师参考书为凭进行备课的话，肯定满足不了学生的需求。教师应该树立终身学习的理念，主动学习新知识，拓宽知识面，不断更新知识结构，做到学高为师。

二是要提高学术水平。教学与科研密切相关、水乳交融、相辅相成，共同构成大学教师的学术活动。大学教师不仅要博览群书，而且还需埋头钻研，切实提高自己的学术水平，通过扎扎实实的研究，了解本学科领域的科研动态，在教学的过程中及时传达科研前沿，引导大学生走在知识的前端。大学教师尤其要恪守学术道德，自觉抵制抄袭、造假等不正之风。

三是要修炼教学艺术。有些教师学富五车，科研作品屡获大奖，却怎么也得不到学生的广泛认可，其根源就是不能充分发挥教学情感的功能。教学不仅是一门学问，更是一门艺术。因此，教师还要注意修炼教学艺术，掌握教学法则和美学尺度的要求，学会熟练运用综合的教学技能技巧，提高教学效率，增强感染力。

（三）健全激励机制

现行的人才评价机制以及人才评聘机制不尽合理。事关教师切身利益的职称评定中，对教学的条件仅局限于学时、教学评价等基本要求，而学术论文、科技奖励、课题项目和著作教材等却成为制胜的重要砝码。时下，高校对教学奖和科研奖的奖励措施也是厚此薄彼，对科技进步奖获得者是大张旗鼓隆重表彰重金奖励，而全国教学名师却仅在教师节上被口头表彰而已。利益权衡之下，有些教师就不惜花费大量的时间和精力为科研而科研。因此，要健全激励制度，鼓励教师把最主要的精力投入到教学工作中。一是要加大教学奖励力度，对学生最喜爱的教师大力宣传表彰，让每年的评教不再是应景之举。二是要加强教育教学研究。鼓励教师不要把眼光局限于纯学术研究上，而是要多进行教育教学的研究，真正做到教研互长。

第八章　慕课背景下高校学生英语学习方式的改变

随着信息技术的发展和互联网的普及，在世界知名高校的引领下，"慕课"在全球如火如荼地发展起来。慕课是一种新的教育模式和教学模式，与以往的网络开放课程相比具有更强的规模性、开放性、共享性、互动性。2013 年，北京大学、清华大学、上海交通大学、复旦大学等一批名牌大学先后加入国际"慕课"平台，在我国迅速掀起了"慕课风暴"。"慕课"的兴起深刻地影响了我国高等教育，对大学生学习方式提出挑战。

转变学习方式对提高大学生学习能力和综合素质至关重要，"学生学习方式的转变在学生培养模式改革中占有首要地位"。转变学习方式，有助于大学生学会学习，形成终身学习所必需的学习能力。大学生学习方式转变并不是用新的方式代替旧的方式，而是在继承传统学习方式的基础上，由单一的被动接受知识的学习方式向以自主、探究、合作为主要特征的多样化学习方式发展。

第一节　目前我国大学生学习方式存在的问题

由于长期受应试教育影响，大学生学习方式单一，还有相当多的高校学生持记忆知识的学习观，使用表层的学习方式，从而影响了他们的学习质量。具体来说，目前我国大学生学习方式存在以下问题。

一、学习动机不明确

当前，相当一部分大学生学习动机不明确。受应试教育影响，我国学生入大学前学习目标非常明确，那就是努力学习取得好成绩，考上理想的大学。进入大学后，没有升学压力的大学生不清楚自己为什么学习，学习动力不足，学习动机不明确。由于学习动机不明确，部分自制力较差的大学生出现学习毅力不强、学习态度不端正、不重视考试、经常旷课、不主动学习等问题。

二、学习主动性不高

当前部分大学生学习积极性不高，缺少学习的主动性和探究精神，注重学习书本知识忽略实践性知识，注重被动接受学习忽视主动探究学习。部分大学生完全按照大学课程设置和教师教学进度被动学习，课堂上面对教师的提问，小部分大学生能主动回答问题，多数大学生被教师点到名字才被动参与课堂作答。在课堂之外，能够主动学习新知识、新技能的大学生更是少之又少。

三、学习方法不当

部分大学生沿用高中的学习方法，仍存在不主动学习、不预习所学知识、课堂上被动听课、不记或被动记课堂笔记、不参与或很少参与课堂讨论、抄袭作业等问题。部分大学生平时不重视学习，把主要精力放在参加学校的社团活动或打游戏等娱乐活动上，期末考试前才搞突击战术，通宵达旦死记硬背知识点应付期末考试，考试过后便遗忘了大部分所学知识，不能牢固掌握所学知识，更不能将所学知识应用于实践。

四、缺乏合作学习

当代大学生只会自己学习，很少与别人合作学习，缺乏合作学习的主动性和自觉性。在大学课堂上，很少有小组讨论式的合作学习，即使有小组合作学习，往往只有部分大学生真正参与到讨论中去，在汇报小组讨论结果环节，常常是比较活跃的几名学生发表观点，且发言带有较强主观色彩，很少真正反映小组成员的共同意愿。长此以往，大学生逐渐对这种学习方式失去兴趣，不能使这种培养大学生的合作意识、团队精神进而促使学生相互学习、共同提高的学习方式发挥应有的作用。

第二节　高校对学生英语学习的要求

一、大学学习的自学性要求

从实际水平和能力方面说，大学就是自学。很多同学进入大学很长时间也没能很好地掌握大学的学习方法。中学学习方法的惯性导致他们进入了一个严重的误区。由中学的领、看和管理性学习方法到大学的自由的学习方法，他们很不适应。中学是老师领着学、看着学，甚至是家长管着学逼着学。大学的学习则是完全从这种状态中解放了出来。与中学生比较起来，大学生是极为自由的。但是，大多数学生并没有充分利用这种自由。大学的自由是思想的自由、探索的自由、个性发展的自由、自学的自由。很多同学在享得解放了的自由的同时，并没有获得思想的自由和学习的自由。一个被管惯了的学生在给他充分自由的时候他变得茫然和无所适从。大学主要的学习方法是自学。在充分自由的没有人管，没有高考压力环境下的自我学习习惯的培养是大学学习的关键。这就要发生几个转变：由中学的"要我学"到大学的"我要学"的转变；由中学的被动学到大学的主动学的转变；由中学的盲目性到大学的清醒性的转变；由中学为高考的学到大学为真理的学的转变。不能实现这个转变，你上了大学，也还是"高四"，而不是大学。有的同学即使大学毕业了，也还是"高七"，没有进入实际的大学学习方法，只进了大学的校园，听了大学的课程，没有大学的自学，没有自觉性学习的大学，也还是不能称之为大学。

大学学得好的概念或标准，与中学是不同的，中学是用考分来衡量，大学的考分不能完全说明一个学生的真实成绩。你可能每年都拿奖学金，但是，你只是跟着老师学，只是考试科目的成绩很好。很多同学有一个严重的错误认识，以为上课就是上大学，上好了课就是上好了大学。但这是严重的误区。这样的认识极大地限制了你的自学，限制了你的潜能，也限制了你发展的可能。比如，你的关于《红楼梦》的考试题答对了标准答案，那可能是因为你把题库背得滚瓜烂熟，但《红楼梦》你看得并不好，甚至没有读完，红学家的各种观点，红楼梦的阅读史，你也不知道，更不要说，由红楼梦的学习你形成了不仅对红楼梦而且也迁移到对其他文学作品分析的能力，或者，由红楼梦的学习你进一步深化了对文学的感悟与理解。而这些并非是课堂所能完全学到的。这并不是老师教得不好，老师不能代替你对红楼梦的阅读，老师也不能代替你读红楼梦研究资料，老师不能代替你进行思考与探讨，老师更不能代替你形成你的文学观念和实际能力，当然更不能代替你进行红楼梦的哪怕是一些最基本的写作性研究。这些，都要靠自学来实现。因而，大学学习最真实的成绩是靠自学程度来衡量的。也确有这样的学生，考试成绩平平，但实际水平要比考试成绩好的同学高出许多。

进了大学首要的任务，是从中学生那种被动型学习方式转变到自觉型的学习方式中来。转变得快，学得就好，转变得慢，学得就差，根本没有转变的就不是大学的学习。"大一"一开始，就要树立这个转变的观念，要时时地强化它，并践行这个观念。把学习限制在课堂中，限制在教材中，限制在老师的教授中，而没有我们自己的自学，那肯定不是好的大学。

只满足于课堂的学习，只满足于教材常识性的积累，只满足于期末考试背题库的考试成绩，之所以不是好的大学学习，就在于它不能导致你深入到知识的深层结构之中去，不能深入到产生知识、支撑知识、解释知识的理论体系之中去，不能深入到阅读、思考和探索的过程之中去。你的大学只是浮在表面，没有深入到知识的内部和学习的过程中去。

如果想对那些成功了的大学毕业生进行总结，就要看看那些有出息、有成就、有作为的毕业生，他们是怎么学习的，这对大家肯定是有启发的。他们的学习绝不是仅仅限制在课堂上，限制在教材中，限制在对期末考试的范围内，而是有一个很好的自学甚至是治学习惯与方法的养成。由于他们深入到了知识的内部之中去，深入到了产生知识的理论背景和原典之中去，深入到了一个阅读、思索和探究的过程之中去，他们就获得了更为丰富更为有用的理论知识和方法论方面的积累和塑造、训练和武装，就形成了远比用于考试知识重要千百倍的实际能力，而且在这个过程中，他们还学会了自学与治学方法并形成了一种习惯，这就使得他们具有了强大的后劲和"后发优势"。没有一个很好的自学，没有进入完整的学习过程（只听课而没有自学那就不是一个完整的学习过程），还要想学得好，那是"天方夜谭"。

强调自学除了要按照老师讲的内容阅读必要的原典、按照老师的指引阅读相关书籍外，还有四个原因：一是学校规定的通用教材具有一定滞后性，它不能及时把最新成果反映出来，因而要深入到学科的前沿去，学习钻研最新的研究著述，把最新的研究著述的学习同课堂的专业学习结合起来：会收到意想不到的效果：最新的研究成果会使教材当中的知识得到深化，更主要是能得到纠正性认识。二是学科封闭性造成知识的隔阂性。自学可以补充由于学科壁垒森严造成的知识隔膜和缺少统一性思想视野的严重缺欠。大学学科分类使知识研究更专门化，也使讲授具有了可把握的体系性。但学科分类下各个专业往往是封闭的，这就造成了"只知有汉，无论魏晋"的局面，不可避免地带来了画地为牢、作茧自缚的严重问题。可是知识之间本身不是隔绝而是相关的、整体的、贯通的。只有自学一些新的东西才能使各学科知识融会贯通。三是新知识层出不穷。这是一个知识爆炸的时代，每天都有创新性知识产生。我们当然不可能把某一个专业的新知识全都浏览掌握，但是，最主要的知识还是必须掌握。而这方面也是完全依赖课堂学习所不能解决的，只有自学，并且是如饥似渴状态的自学才能达到。四是对经典的阅读。经典是人类知识的精华，经典的阅读绝大多数是在大学时代完成的。但是，在大学里你只把学习限制在课堂上——一般来说课堂讲的是常识而并非经典（这里主要指的是理论性经典），没有自己对经典的研读即自学，你就与人类的精华思想知识隔绝了。

二、大学学习的理论性要求

大学的关键是理论的学习。总的来说，中学学习是侧重知识，而大学学习则是侧重理论。知识的学习是横向的平面的累加；理论的学习则是纵深的体系性的构建。知识是常识性的，理论则是对常识的解释或产生常识的原创性的东西。对大学生来说，理论是极其重要的。不要惧怕理论，不要蔑视理论，不要忽视理论。相反，要热爱理论，渴求理论，痴迷理论。知识是海洋，理论是灯塔；知识是群山，理论是泰山，登泰山而小天下。只有理论才能深刻地揭示现象。任何学科的大厦都是以理论为基石来支撑的；任何知识都是要用理论来阐释的。没有理论的学习就没有抓住最根本的东西，就等于没有抓住知识的灵魂。

一个大学生，到毕业了还没读过本专业最重要的基本理论书，相近的专业的更不要说了——那真是不是完整的"大学"。

信息时代，人们阅读碎片化了，这不仅严重影响了大学生的阅读，也严重影响了大学生的思想结构甚至人格结构。简短、快捷和丰富的信息，对正在学习的大学生来说不是必须的，甚至不是好事。信息是碎片化、浅薄化、平面化，甚至平庸化的，有的是消遣化、娱乐化的。大学生学习要体系化、系统化、结构化、深刻化、渊博化。因而要系统读书、系统钻研问题、系统架构知识体系，要把知识转化成能力，要培养创造精神，等等。无所不在、无时不在、无孔不入的碎片信息，把时间一点一点儿地分割了，哪里还有什么大块的完整的连续性的时间和沉静的专心致志的心情系统地阅读理论著作，还有深入地思考与写作？当上微博、刷微信成了生活中重要的内容，你就形成了一种期待心理，期待着新讯息的到来，如果没有，你就觉得好像缺了点什么，你就觉得没事可做，你就觉到了空虚。因为你的时间和思想情感的空间被碎片化信息占领了。更为严重的是，你的思维也被碎片化了，你被微博、微信的"微"形式所同构，不能有一个系统的结构性的知识构成，不能形成一种宏观性的思维和结构性的思考了。

还有就业压力使许多同学非常重视基本技能，这是对的，是必须的，但是，一个不可忽视的倾向就是只注意外在的东西，表达性的东西不注重，真才实学的东西没有形成自己的解读能力。没有通过自己的深入的对理论著作的阅读，得到支撑解读文本的"支点"即最基本的理论方法。所讲的东西是外在于思想情感的东西，外在于知识结构的东西，外在于文学理念的东西，没有获得深厚的理论观念来支撑，没有什么新意，甚至也没有自己的一点体会，也就没有深度可言。

为数不少的同学说，他们觉得理论书太难读，硬着头皮看也看不下去，因而索性不读理论书。怎么解决这个问题呢？有两个基本方法可以改变这种惧怕理论书的问题。

一个是带着问题读。你对这个专业有什么问题，或者你对现实有什么问题需要解决，你带着这具体问题读，在理论书中寻找解决问题的方法，就可以读下去了。你不妨这么试试。因为你有需要，需要成了阅读理论书的动力。你在感觉很饿的时候，你才会狼吞虎咽地吃东西。研究某个问题，会造成你对思想知识的饥饿感，甚至是非常严重的饥饿感，你就能读下去了。如果你渐渐生出课题意识，那你就会很系统地，甚至是跨专业、跨学科地读书了。

或者找一个题目去做，用题目或课题，带动读书与钻研。这是一个很好的很奏效的方法。这个方法同学们也不妨试试。

另一个是可以用"一本书主义"试试。所谓"一本书主义"就是反复读一本书，下大工夫把它弄通弄懂弄会。可以用初读、复读、细读、重点读、重读等方法来读一本书。初读可以大致浏览，不求甚解地把握一个大概，从整体上了解这本书的体系、主体、大概意思即可。复读可要认真地读了，要把每一章每一节都读清楚，在整体浏览基础上，认真把握具体内容。就像进了房间，要仔仔细细地看清每一间的具体情况一样。细读就是要对基本概念和重要问题深细地读，把握住基本思想和主要问题。重点读，将细读过程中还不懂的问题作为重点来读，或者将自己还没有弄清楚的问题作为重点来读。重读是在前几种阅读的基础上，重新从整体上的深入把握，对整体和体系有一个重新的整理、概括等。还可以是在读了其他书之后，有了积累和借鉴，重新回过头来读，那样还会有新的体会。

同时，也要看对你所读那本理论书的评介、研究和运用等。记笔记是必要的环节。把重点、难点、疑点、核心观点还有你的体会和思考都记下来，这对读书人更为重要。记了笔记的东西和没有记笔记的东西是绝对不一样的。有了一本书阅读的体会和功夫，再读其他的书就容易得多了，你就不会感到那样痛苦了，你渐渐就会对理论书感兴趣甚至产生浓厚的兴趣了。在一个浮躁的时代，还是要耐住性子读书，千万不要什么书都是快速浏览。读书只用快速浏览不会得到什么真东西。

当然，首先你要弄清楚你所学这个专业，支撑这个体系大厦的最重要的理论著作，至少要知道有那么（不同的）几种，它们既是建构其他知识体系的坚实基石，也是解释其他知识体系的最基本标准。读了几种之后，你对这个学科的认识自然就会有很大的不同；你自己就可以产生对你学习教材的重新评价，有些同学甚至可以达到初步重新梳理学科体系的境界。比如你所学习的各代文学史它是依据什么文学标准构建起来的？这就涉及文学标准的问题。如果你读了世界最权威的文学理论的著作，你再看文学史，你就有很多不同的认识。关于这个学科的学术界讨论的最新话题你要关注，最新的学术动态你也要关注，要读学报、期刊，那里面有最新问题的研究与动态，可以激活你的思想。要把这种最新学术见解与你课堂学的课本的东西联系起来比较思考。如果把知识比作水的化，过去的知识是一潭凝固的水，而正在研究的问题则是一条澎湃汹涌的大河。两者相得益彰，把对过去知识的学习和现在知识的学习结合起来，就相当于把源和流结合起来——这样你就获得了广阔而深邃的文化背景与视野。

大学不要仅仅从老师那里学常识——目前大学的问题是老师教的常常只是常识，而少有分析方法与实际能力的培养。要越过常识，但不是不要常识，是不止于常识，要丰富于常识深刻于常识，赋予常识以灵魂与生命，使常识为思想所用。比如文学，我们不能止于学文学常识，而应该学习对文学理解的理论与方法，学习对文学欣赏与分析的方法，形成自己的审美能力。如果你的大学仅仅学了一些常识，并且是用于期末考试的常识，而没有最基本的理论方面的学习与建构，那你的大学就等于什么也没学到。从目前大学生的智力水平来看，课堂讲的大部分常识完全可以通过自学来完成。我们应该在最有用的理论学习、实际能力和创新能力训练上下工夫。但恰恰这个方面很不够。

三、大学学习的相关性要求

建立合理的知识结构，是大学最不容忽视的问题。中学学习的知识相对来说是不太强调关联性的，而大学就必须注意知识的相关性。这种相关性，是学科知识的必然性要求。知识性的必然性要求就迫使我们必须构建合理的知识结构。

这方面的不如意现象是知识过于单一。只知道各科的东西，不知道把各科之间的壁垒打破了，把它们融会贯通起来；只知道课堂那点东西，不知道课堂之外的更广大更丰富更深邃的世界。这就势必导致视野狭窄，知识浅薄，能力低下，行之不远。

强调知识的关联性、跨学科性、跨文化性是大学学习的必然要求。没有这种知识的联系性和跨学科性的学习，肯定不是成功的学习。胡适曾经说过："读一书而已则不足以知一书"。一书不可能解释一书本身，一书只有在另外一书或多书的参照下才能获得较为准确的解释。自然界的"杂交"品种是最具优势的。知识的"杂交"也会带来优势的思想。比如一部文学作品，没有其他理论"杂交"，没有其他文学研究方法的指导，是不可能做到很好的解释的。如果是学习文学的，就既要广泛地阅读文学作品，更要广泛地研读文学理论和其他相关的领域，如心理学、民俗学、文化人类学等研究方法的知识。大学学习的相关性是极其重要的。这种相关性本身就带来了知识结构的变化、思想观念的变化、思维方式的变化、研究问题方法的变化和研究能力的变化。

大学的学习，一方面是要自觉建构合理的知识结构——很多同学忽略了这个建构，另一方面是要用实践性培养把知识结构结合、融汇、贯穿在一起的能力。不然，就可能出现这种情况：或者结构是残缺的，或者是有了各种知识，但互不关联，不能相互兼容并包。

结构合理的知识结构，包括三个方面：一是本学科知识体系，二是相关学科知识或体系，三是用实践性使其得到贯通性的理解和实际能力的形成。比如文学，就不光要有文学理论方面的知识，还要有文化人类学方面的知识，精神分析方法的知识，以及原型理论方面的知识，等等。必要的知识结构在一起，才能有新的思考、探索与发现，也只有这样才能培养出较为宽泛的文学理念与研究方法。

李泽厚曾经说过："要善于把知识组织起来，纳入你的结构之中。"这就是说，组织知识是更重要的知识，没有知识是不行的，但是，光有知识而不会组织，没有结构性的知识结构同样，或者更是不行的。

四、大学学习的创新性要求

创新精神和创新能力的培养是大学学习的灵魂。不仅要学习常识，比知识积累更重要的是思想、学术见解、学术探索精神和学术创造能力的培养。不是重复常识，而是锻炼学术意识，这是大学学习的根本任务。中学学习并没有明确这个根本任务。但是很多同学是带着积累知识的惯性来学习的，这就忽视了学术思维习惯、学术探讨精神和学术创造能力的培养。

只是跟着老师学，不运用自己的脑袋思想的时代，已经一去不复返了。在一个强调思想创新的时代，还亦步亦趋地跟着老师学，肯定不会有大出息了（比起那些不怎么学习的学生，当然这还是好学生）。高中时代形成了一种寻找"标准答案"的学习模式，但是到了大学必须改变这种寻找"标准答案"的学习方式。社会科学和人文科学中的学术研究是强调创新，而不是用一种统一的标准答案框范一切。

这里有一个不小的误区需要特别注意，那就是特别强调知识积累的问题。积累确实很重要，积累是打基础，基础当然越宽厚越好。但是，这里有一个问题：知识积累到什么程度为好？

知识并不是越多越好。知识越多越好，在一定范围内是真理，比如知识不多不够用的时候。但是，当达到一定程度，还无限制地强调越多越好，就会走向反面。知识的积累是有限度的而不是无限的。积累的无限化强调就会扼杀创造思想。人的一生不是用来积累知识的，而是用来创造知识的。积累是为了应用和创造。

马克思主义思想的来源是德国古典哲学、英国的古典政治经济学和法国的空想社会主义。没有这几个方面的必要积累，不可能产生影响了整个世界的伟大的马克思主义。但是，如果马克思只强化积累，而不是用于创造他自己的学说，那就没有马克思主义，德国的古典哲学、英国的古典政治经济学和法国的空想社会主义学说，还就只是单个的知识"积累"在马克思的知识库中。影响了整个世界现代化的比尔•盖茨，他从令亿万学子敬仰的哈佛大学中途退学。因为，他要创办微软公司，他觉得他的积累够了，可以进行伟大的发明创造了，用不着在哈佛继续"积累"了。比尔•盖茨改变了人的工作方式和交往方式。如果，他不是坚持他的创造思想，只在积累观念下继续积累，伟大的发明就被扼杀在褓褓之中。集体无意识的揭示者荣格，在学了弗洛伊德的潜意识论之后，就意识到了他精神分析学说的片面性，由此开始了他集体无意识理论学说的建立与完善。弗莱的《批评的剖析》被世界公认为文学批评之书，但他是融汇了荣格的原型思想、弗洛伊德的梦的学说、弗雷泽的《金枝》构建文化模式的方法、斯宾格勒历史循环论历史方法，创造了他自己的文学批评巍峨宏伟的大厦，使其高高地屹立在文化楼群的最高端。如果他或他们永远是积累性的学习，就不可能有对人类产生重要影响的原型理论学说。在一个知识爆炸的时代，没有一定的知识肯定是不行的，但是，在一个每一天都产生无穷知识的时代，只是"积累"知识，即使"皓首"，也不可能"穷经"了。自己找到一个高度和一个限度，然后，开始研究、思想、创造。

还有一个问题就是，在强调知识的积累的同时，一定不要忘记，创造精神、探索精神、批判扬弃与发展的精神也是一种积累。创造思想不是一蹴而就的，一定是平时创造精神的爆发。长期积累，才能偶然得之。单单强调知识的积累，这种观念常常是以忽视或根本不注意创造性培养为代价的。打基础和创造的关系要处理好，打基础不光是死记硬背，不光是学习前人的知识，还有创造性思维的培养、创造力的形成等。这种积累也是创造精神的积累。养成创造性思维是极为重要的。学习不只是继承前人的精华成果，学习还要超越前人，有更大的发现与创造。

因而，要把学习和培养自己的研究性思维、学习和培养自己的创造精神、学习和培养自己的创新能力，贯穿于大学学习的始终。

五、大学学习的专业性要求

掌握专业体系知识和形成专业能力是大学最基本的学习。培养专业意识、专业兴趣，专业化地读书、专业化地选择学习内容是大学学习的最基本要求。但不是每个人都能实现得了的。比如学习文学的同学，有多少人在多大程度上是以文学专业——文学鉴赏、文学批评、文学研究的专业化角度在读书和讨论问题？

有一些同学显然还是把读书的范围、读书的层次、读书的兴趣停留在中学阶段，或等同于非专业同学读书的层面。我们应该时时记住我们是学什么专业的，应该不断地超越。

你的专业是一个学科或科学领域。这个专业领域有这个专业领域的体系、本质、规律、范围、特性等。你要从整体上把握它的体系，要深入到专业的内部中去，弄清楚各个环节、各个层面的问题，还要更为深入地研读各种具体问题。这些专业化的东西就是你的方向。

专业的整体性概念意识是很重要的。这就像现代建筑一样，现代建筑高楼大厦不是像过去那样，一部分一部分向上累加，即一块砖一块砖地构筑一个整体，而是先搞一个整体架构，然后对这个整体结构进行填充。先整体后局部代替了先局部累加后形成整体的建筑方式。这对我们的学习是具有启示意义的。现代的学习也应该有一个整体的概貌式的纵览，对整个轮廓或整个体系先有个基本概念，哪怕一个粗略的印象，然后才是逐步具体的填充、充满、丰富。

不能是上了一回大学，整个专业体系，专业特性、专业结构、专业问题都弄不清楚。当然，更不能是，学了一回大学，没有形成必要的专业知识和能力。

应该建立这样的专业概念：没学懂专业体系、特性、基本知识的大学生不是合格的大学生；没钻研到专业内部去的大学生不是一个合格的大学生；没能解决一些基本专业问题的大学生不是一个合格的大学生；没形成专业能力的大学生不是合格的大学生。

一个专业不是靠专业的常识支撑起来的，你必须找到支撑你那个专业的理论基石。只有专业的常识积累，并且是只用于考试，而没有获得专业的整体性把握以及阐释能力，那不是合格的专业学习。只单单学习常识，而且只是用于期末考试—考过即忘的常识，这种大学的学习方式，它把我们导向的是更浅薄、更狭隘、更平庸，而不是更深刻、更丰富、更渊博、更聪慧、更具创造性。

专业方向的打实打牢一个很重要的方法，就是自己摸索着研究一个问题。对这个问题的研究史有一个初步的浏览，对这个问题的最新动态有很好的把握，对这个问题相关的理论方法有清醒的认识，并深入的学习，就会很快进入这个问题的研究；而随着对这个问题的深入研究，慢慢就会进入这个学科领域。对问题的研究不仅导致能够深入地学习，而且还导致深入地研究了学术问题。学会了抓住某些问题的核心，抓住某些问题的"纲"，然后获得了"纲举目张"的境界。其实这是许多现代大学生都能做到的。我们没有做到不是因为我们智力和能力不行，而是压根我们就没做、没想做。

六、大学学习的个性化要求

形成自己的阅读和研究兴趣是大学学习最成功的标志。兴趣是最好的老师。对什么东西更感兴趣，就要集中精力、时间和热情全力去研究什么问题。研究兴趣的培养可以给我们带来学习的热情、学习的方向和学习的成就，甚至给我们带来了不起的创造。

比尔·盖茨从中小学就对"问题"产生浓厚的兴趣。这就培养了他的探索、发明、创造精神。国外一个哲学家说过这样的话：大多数人至死都不曾发挥自己的能力。他们生时带来万贯财富，却一贫如洗过完一生。这位哲人讲的是人的大脑，大脑的潜质、大脑的智慧、大脑的巨大创造潜能，这种潜能是无限的。这是不是我们创造的，是我们出生时带来的。人类至今也没有完全彻底研究出大脑的潜能和创造的秘密。人是具有巨大创造力的。但是，我们很多人，并没有很好地开发我们的大脑。

开发大脑的方法可能有种种，从伟大发明家的经历中我们可以总结出一种，那就是对某种东西的浓厚、痴迷、迷恋的兴趣。从一些大学生上课之后没有事可做，不知道干什么；或者干的什么与学习、与成才、与将来人生根本无关。没有兴趣就是没有主题，没有主旋律，没有"主心骨"，没有明确的理想和追求。

兴趣在于发现。你肯定对什么东西特别感兴趣，它还隐蔽着，没有彰显出来，你要发现它。这里指的是某种知识、学问等，不是游戏性的东西，比如电脑、手机游戏之类，或者是网络小说。自己对什么东西有兴趣，是一个发现的过程，要像科学家那样发现自己的兴趣，并且培养自己的兴趣。重视了你的兴趣就重视了你的不可替代性，就重视了你的创造性，就重视了你的发展。发现和培养是极为重要的。

除了发现、培养之外，还要把你的兴趣推向极致。学会放弃，学会把时间、精力、热情，甚至整个生命都投入到你的兴趣之中。如果有了这种境界，那就会获得巨大的成功、非凡的成就。放弃是成功的一个重要的前提。

我们不能对什么东西都没有兴趣。对什么东西都没兴趣，整个人生恐怕也就没有了兴趣。兴趣天生就有，儿童对什么东西都感兴趣，都要问一个为什么，都要刨根问底。当然，对什么东西都有兴趣，也不行。大学学习容易"平分秋色"，什么都想得到，但最后是什么都没有获得多少。大学其实最重要的是培养浓厚的兴趣。在最好的年华中，以那股"冲劲"冲上去。

兴趣也要靠长期积累，长期研究，长期思考，长期对某个或某些问题琢磨，恋恋不舍，必有成就。

没有兴趣就是没有个性，就是没有自己的优长甚至不可取代性。大家都一样那就是大家都平庸，那是很糟糕的大学学习。必须培养自己的兴趣、个性和不可取代性，并且把它发展到极致。

现在不少大学生什么都想"得"，想得到干部、得到荣誉、得到爱情，得到各种活动中的出头露面，得到各种各样的"秀"。但是，要想学得有出息，一定要学会"舍"。舍就是放弃，放弃就是选择，选择是以放弃为前提的。选择是极为重要的。物理学家爱因斯坦曾经说到他的一条使他成功的经验，就是选择："物理学也分成了各个领域，其中每一个领域都能吞噬短暂的一生，而且还没能满足对更深邃的知识的渴望。"爱因斯坦"学会了识别出那种能导致深邃知识的东西，而把其他许多东西撇开不管，把许多充塞脑袋、并使他偏离主要目标的东西撇开不管"。正因为选择了能够导致更深邃的东西，爱因斯坦创造了影响整个物理学界和整个世界的"相对论"。成功的经验和失败的教训，都应该迫使我们对选择有足够的思考，直至践行。

七、大学学习的实践性要求

把知识转变成能力是新时代大学学习新的标准。现代大学应该有一个新的学习的概念：没有转换成能力的知识是没有用的知识；没有对人生产生实际影响的知识是没有用的知识；没有为创造产生作用的知识也是没有用的知识。现代大学的学习应该在知识转换成能力上下工夫。因为，在这个时代，能力才是硬道理。

学习要密切联系实际。这个实际首先是从知识到能力，还不是社会实际。在大学学习太重视考试是不行的。但是大多数学生还是上课听老师讲、记笔记、考试前背笔记、考试答标准答案这个学习模式。不管哪些大学还实行这个模式，这个模式已经落后了。因为这个模式仅仅是书本上的知识，还没有转换成学生的实际能力。

问题是，大学中这样的学习模式还普遍地存在着。要有勇气，从那种统一的为了考试而背题库的学习模式中突破出来，为了培养能力而学习。

这里就有一个转换问题。中学学习，一般来说，还不那么特别强调知识向实践的转换，大学则完全不同了。在大学特别是今天的大学，必须实践性的去学习。不转化成实际能力的知识不是真知识；不转化为实际能力的知识是没有用的知识。

只注意表面的东西是不行的，要有真才实学。没有基本技能是绝对不行的，但是，只有基本技能而没有深厚的理论性知识也是绝对不行的。基本技能等是基础，不能把它当成最重要的东西，更不是全部。要知道，思想、理论、能力、创造性素质等是更重要的基础。要是仅仅停留在基本功，就限制了自己的发展，要伸展到课本后面找到支撑课本、解释课本的思想源泉的东西，在那里汲取营养，并且把它们转换成自己的思想感情、思维方式、解读能力等，而且要能够持续不断地这样做。

八、大学学习的博精性要求

博而精者是最好的大学生。理想中的学者，既能博大，又能精深。精深的方面是他专门的学问。博大的方面是他的旁搜博览。为学要如金字塔，要能广大要能高。博是为了精，精必须建立在博的基础上。

现在的大学过分地强调大学教育为社会经济服务，过分地强调职业技能的培养，过分地窄化、专门化、职业化专业的特点，就势必削弱大学学习的思想感情、精神智慧和人格培养熏陶等方面。

从学生选课可以看出端倪。一部分学生选课不是选那些被公认的有深度有含量的课，而是选那些好过关的课，不抓不及格或少抓不及格的课。这样的大学你还能学到什么广博深邃的知识呢？

大学精神是看不见的东西，但在大学中，它应该无处不在，无人不在，无时不在，到处弥漫，处处让人感受到。比如当年的北大，其"思想自由，兼容并包"对北大学子有怎样的巨大影响。对一个人来说，只上了大学，没有获得大学精神，或者在大学中没有获得广博的思想知识的熏陶，那就是不成功的大学学习。我们不能做"空心"的大学生。应该有广博的思想知识，除了学习专业，还应该有对社会的关心、责任感与使命感等。

还有，不少学生价值观有问题。到学校就想当干部，这本来无可厚非。但是，问题是，有不少当了干部的同学，满足于每天的忙忙碌碌，好像很充实，但是，在得到锻炼的同时，却是以失去广博阅读为代价的。更可怕的是，在忙忙碌碌中不仅荒废了学业，也养成了一种"行政性"品格，大学被非常可怕的"空心"化了。这种"空心"会影响将来的发展。

怎样获得博学和精深，你看看叶舒宪先生的著述就会获得一个大致的了解：学贯中西，融汇古今。可以沿着他著述指引出的方向，阅读，积累，建构。

九、大学学习的问题性要求

成天被问题折磨得寝食难安的学生是最有发展前途的学生。没有问题的学习是最大的问题。因为学习的范围太有限了。你只知道记老师的笔记，只知道看发的那几种教材，只知道考前背诵老师的"题库"，其他，你什么都没有。当然你就没有问题。

中学学习是未知的学习，大学的学习是对问题的探讨。"总得时时寻一两个值得研究的问题。"脑袋中没问题的学习不会是很成功的学习。问题是新思想新观念的前提。如果没有一两个问题在脑子里盘旋，就很难继续保持进取的热心，就不能思考，就不能阅读，就不能探讨。处在这样的状态，实际上，你的大学就已经停止了、结束了；或者说，如果你是这样的学习，你实际上还没有进入大学学习状态。早有学者告诫学生要带一两个麻烦而有趣的问题在身边，因为它是第一要紧的救命的宝丹。

怎样产生问题呢？第一是怀疑，第二是怀疑，第三还是怀疑。怀疑老师讲的，怀疑课本上写的，怀疑学者说的，怀疑以前的定义，怀疑新近的结论，怀疑一切。

在怀疑中阅读，在怀疑中思考，在怀疑中选择，在怀疑中探讨。正是在这个意义上说，怀疑是大学之所以为大学的最重要的东西。有怀疑才有批判，才有扬弃，才有发展。没有怀疑过的大学学习不是好的大学学习。

怎样怀疑呢？用什么东西怀疑呢？那就是你得有东西，你得博览群书，甚至有一个学贯中西、融汇古今的追求与气魄。虽不能至，心向往之，取法乎上，仅得其中，追求了，努力了，奋斗了，就必然会得到一些东西，必然会超越自己也超越他人。

这里可以参考著名哲学家李泽厚和著名美学家高尔泰的治学经验。李泽厚和高尔泰都是在大学学习期间，参与学术问题研究的。李泽厚是在大学一年级就开始了谭嗣同的研究，毕业后论文很快在当时很重要的刊物上获得发表。他研究美学成为美学家的治学经验更说明问题。他是对当时美学界"美是什么"问题产生浓厚兴趣，并参与那个大辩论才使他成为美学家的。他对美是什么问题的浓厚兴趣，促使他读书、思考与写作，随之就有了《论美感、美和艺术》论文的产生。如果他没有对美是什么问题的浓厚兴趣，就不可能写出这篇使他走上美学研究和使他成为美学家道路的第一篇文章，也就不大可能有他后来影响更为深远的《美的历程》和《美学四讲》以及《华夏美学》等著作的产生。

问题是学者的开始，问题是成才的关键。高尔泰也是如此。高尔泰19岁毕业被分配到兰州的一所中学教书，20岁上便发表了《论美》一文，如果没有大学时期的研究，那是绝不可能的。这篇《论美》是与当时最占主流美学思想，比如朱光潜、宗白华等著名美学家争论的。可想而知，这篇论文引起了多么大的反响。当时最重要的《文艺报》《哲学研究》《学术研究》《学术月刊》等刊物参与了对高尔泰的商榷与批评。但是，高尔泰的美学思想是有来头的，这个来头就是马克思的《1844年经济学哲学手稿》，马克思的异化思想、主体精神对象化思想以及美学思想是高尔泰美学思想资源。但是，是什么东西导致高尔泰写成了这篇论文呢？那还是对美是什么的问题的思考。由于有了对问题的浓厚的欲罢不能的兴趣，才导致他对马克思手稿的阅读研究，并转化为自己的美学观点。

李泽厚和高尔泰他们是由美是什么的思考与争论，而最终成为哲学家和美学家的，而不是有多么高深的积累，使自己成为一个哲学家和美学家之后才参与争论与论战的。正是他们的参与争论，激发出了他们对问题的深入思考，当然还有深入的阅读，以及深入的写作。正是这种对问题的不断探讨，他们才拾级而上，达到了哲学家和美学家的高度。他们对问题的争论成就了他们。他们的争论是因为他们对问题的研究，他们是在对问题思考与探讨那里获得阅读、思考与写作的热情、动力与冲劲的，没有对问题的钻研，就不可能有激情和动力。实践是最好的学习，因为实践才带来问题，才能使你有对问题探讨的不竭的热情与动力。

十、大学学习的方法性要求

在大学学会学习方法比学习具体内容更重要。大学当然要学习许许多多的内容，但大学学习中最重要的仍然不是某种积累的内容，而是学会学习的方法，是在学习各种课程、读各种书籍、听各种类学术报告中学到一种学习的方法，思考的方法，研究的方法，而不是相反，学习一些用于考试、考试之后就基本不用了的常识。学到一种学习方法就会自己学习了，就会终生受用。如果把老师比作渔夫的话，我们学生向渔夫要的不是鱼，而是网和用网打鱼的方法，在向老师和书本学习知识的同时，要学习方法，要建构适合自己的学习方法。学会学习的方法比学习具体知识更重要。

大多数中国人大学毕业学习就基本结束了，就不再接受新知识了，这对发展是极其有害的。一个人应该是终身学习的。在大学没有学会学习方法，毕业了就很难自学，即使你对新知识如饥似渴，也会因为没有自学的方法而不能进行自学。因而，大学学会学习方法不仅对大学期间的学习很重要，对今后终身学习尤为重要。

还有一个反思性的学习方法。要每学期甚至每周都要进行反思和自测：我在做什么？我写下了哪些文字？我对什么东西最感兴趣？我读了哪些书？我的理想究竟是什么？我为这个理想做出了什么样的努力？我将来能做什么？我为将来做了哪些必要的准备？我到底取得了什么样的收获？我现在的学习和中学时的学习有什么样的区别？我与其他同学有什么样的差别？我的优势和不可替代性是什么？我有没有把知识转换成能力？我的大学是否在"空心"化过程中？阻碍我继续进步的主要问题是什么？我的学习有没有计划？本专业和相关专业的重要书籍我读了多少？我有没有新的理想？我有没有为这个新的理想奋斗？这种反思和自测是十分必须和重要的。

还有一个最重要的检测，那就是你的目标导向是什么？如果你的目标就是各科都合格，做一个合格的毕业生，那么，你就把最主要的学习目标放在了听课和考试背题上，而不能放开眼界进行丰富的自学，你的目标就把你导向一个平庸的大学生；这个平庸的学习很可能也就决定了你平庸的一生。做一个合格的大学生不是大学生最高的目标，最高的目标是做一个优秀的大学生。而且这里所说的优秀大学生，还不单是那种各科都拿优异成绩的大学生，而是指能够很好地完成了自学，系统地阅读了很多经典，形成了较高的实际能力和研究能力，并形成了自己的研究方法的大学生。

大学生并不缺少聪明才智，也不缺少激情，但是缺少远大理想和奋斗精神，还有就是科学的学习方法。我们的聪明才智被非常可惜地浪费了，我们的大脑被可怕地荒芜了，既没有得到应有的训练，也没有得到很好的开发；我们的激情和奋斗精神不大容易持之以恒；我们的远大理想也不大容易经受住时间的考验。大学生的成功有三件法宝，那就是远大理想、奋斗精神和学习方法。远大理想使你的人生有了前进的方向；奋斗精神使你的人生有了永不衰竭的热情；学习方法使你在理想的道路上飞得更高更远。

十一、"从游"：跟着大师学

原清华大学校长梅贻琦先生有一个学习方法，叫"从游论"，是大学生最好的学习方法。

梅贻琦先生是这样说的：

"学校犹水也，师生犹鱼也，其行动犹游泳也。

大鱼前导，小鱼尾随，是从游也。

从游既久，其濡染观摩之效，自不求而至，不为而成。

反观今日师生关系，直一奏技者与看客之关系耳，去从游之义不綦远哉！"

梅贻琦校长所说的"从游"就是学生跟着老师"游"。"游"就是学，但这种学不是我们当下的老师讲，学生听与记笔记的学，而是学生跟着老师学，是"大鱼前导，小鱼尾随"式的学。其中包含这样几层意思：从老师的角度说，第一，老师要成为"大鱼"，给"小鱼"树立一个榜样。也就是说老师在学习、治学、学术研究的实践方面要给学生树立个样板、先例，起到示范作用；第二，以"大鱼"的游为"前导"带领"小鱼""从游"，并且给"小鱼"游出个样子。老师要带领学生进入知识的学习过程，特别是实践过程，在具体的研究过程中让学生看到你的学习过程和研究过程——老师怎样思考问题、怎样阅读、怎样解决问题等。

从学生学习的角度说，学习就不是那种只听老师讲、记老师讲的笔记，或者到期末背课堂笔记的学，而是跟着老师学。

第一，要像"小鱼""尾随"——跟着"大鱼"的"从游"。"从游"是以老师为榜样、跟着老师、模仿老师的样子、像老师那样的"游"。这就要认认真真、仔仔细细地琢磨、研究老师是怎样"游"的。要分析老师研究学问的立足点、思想资源、知识结构、研究方法、选题依据、完成课题的具体过程等。

第二，"尾随"不仅仅是在老师的后面看，而是跟着老师"游"即实践。老师怎样研究你就这样研究，老师读了什么书，你就读什么书，老师研究什么问题你就研究什么问题，老师运用什么方法你就运用什么方法，甚至老师怎样写作你就怎样写作。这就像中国旧式徒弟跟着师傅学习那样，有一个依傍、模仿、照葫芦画瓢的过程。但这个"从游"过程是一个深入到阅读、思考、研究和写作内部的过程，在这个过程中，深入到"大鱼"阅读的书籍中去，深入到"大鱼"的观念中去，深入到"大鱼"的知识结构中去，深入到"大鱼"的思维方法中去，深入到"大鱼"的研究过程中去，深入到"大鱼"的研究领域中去，深入到"大鱼"的广阔视野与深邃层次中去。在这个"从游"的过程中，你就会改变了思想理念、知识结构、学术视野、思维习惯和研究方法等，就不是原来听课的学生，而成了"小鱼"。"从游"之久会"不求而至，不为而成"。长此以往，你就会由"小鱼"长成了"大鱼"。梅贻琦校长讲"濡染观摩之效"就是这个效果。

第三，能不能跟着老师"从游"，"从游"得如何，你要经常反思、检讨和总结，你为什么没有成为"小鱼"，"小鱼"是目标导向，你距离这个目标的问题是什么，这就出现另一个导向即问题导向。你要用目标导向和问题导向衡量你的"从游"，这样就检查出了你的问题。只有检查出了你的问题，才能改变你的问题，使你更好地跟着"大鱼""从游"。

第四，要进入"小鱼"尾随"大鱼""从游"式的学习模式就要摆脱"看客"与"奏技者"的关系。梅贻琦校长说："反观今日师生关系，直一奏技者与看客之关系耳，去从游之义不綦远哉！"简直就是针对当下老师与学生的关系。老师不是"大鱼"为"前导"领着"小鱼"游，而是站在讲台上的单边表演、演示、讲授，学生看不到"大鱼"的游，自己也就不知道怎么游。从学生这面说，也没有充分注意到作为"大鱼"的老师怎样的"游"。梅贻琦校长的话一针见血地指出了学习的问题，也一针见血地指出了改变问题的方法。应该明白，这"大鱼"，既是指我们自己所在学校的老师，更是指我们那个学科领域或相关领域的并不在我们学校的大师。

第三节　"慕课"改变大学生学习方式的优势

"慕课"以其独有的特点和优势给大学生学习生活带来显著变化，这一系列变化深刻地影响着大学生学习方式的转变。

一、学习时空界限被打破

传统学习在时间上是有限的，有固定的上课时间；传统学习在空间上是狭小的，局限在学校教室内。"慕课"打破了学习时空的界限，在全球任何一个角落，无论白天还是深夜，只要大学生拥有联网电脑，并有学习意愿，就可以根据个人情况进行学习，而且这种学习"还是移动的，可以走到哪学到哪，甚至可以反复学，十年二十年后再学"。"慕课"使大学生的学习内容由高校所规定的固定内容扩展到大学生感兴趣的灵活学习内容，进一步拓展了大学生学习的时间和空间，有利于大学生主动学习，促进大学生全面发展。

二、学习成为乐趣

传统课堂学习以教师讲授为主，所有学生面对的都是统一的学习内容和固定的学习进度，因此部分大学生对学习不感兴趣，不爱学习。"慕课"打破了传统课堂学习的局限性，通过动画、图形、影像、声音等多种信息媒体呈现教学资源，为学生提供思考、探究、合作和交流的平台。大学生可以根据个人的兴趣、能力、需要选择学习内容，按照自己擅长的方式学习，"慕课"学习能充分调动大学生兴趣、挖掘大学生潜能、活跃大学生思维，使大学生的学习成为一种乐趣。只有学习成为乐趣，大学生才会以一种轻松、快乐、享受的心态主动投入到学习中，大学生掌握的知识才能牢固，学习能力才能不断提高。

三、自主学习成为主流

自主性是影响大学生学习效果的重要因素。在传统的课堂中，教师是绝对的权威，大学生是被动的听课者和课程进度的跟随者。"慕课"学习中，大学生可以真正成为学习的主人，他们掌握着学习目标、学习内容、学习方法和学习材料的选择权和支配权。大学生可以自主设计符合个人需要的学习目标，可以按照学习目标以及各自的情况自主设计、合理安排学习活动，可以自由决定学习的时间和内容，可以选择灵活、多样、合作的学习方式，可以在学习中对自己的学习结果进行反思和评估，可以根据反思和评估的结果不断调整、控制学习活动的进程。"慕课"学习不仅能提高大学生自我约束、时间管理、独立学习、合作学习等能力，而且能使大学生真正成为学习主体，变被动学习为主动学习，使自主学习成为学习主流。

四、合作学习成为必然

在传统的课堂学习中，并不是所有大学生都能与教师进行充分的交流，与同学进行良好的合作学习。"慕课"为大学生合作学习提供了机会，在"慕课"平台上，大学生不仅能听到最优秀教师的讲课，而且可以邀请教师和学习伙伴对课堂上学习的知识进行讨论。另外，大学生可以在平台上直接提出自己在学习中遇到的困难，寻求他人的帮助。这种完全平等的网上合作学习与交流，增强了师生互动、生生互动，真正体现了以"学生为中心"的学习理念，使合作学习成为必然趋势。

五、学生参与学习成为可能

以往的广播大学、视频公开课等在线开放课程一节课长达四五十分钟，整堂课没有任何师生之间的互动交流，学生只能被动地听课。而"慕课"

平台上都是 10 分钟左右的微课程，甚至有些微课程时间更短，这样能使大学生注意力高度集中。"慕课"在课程之间设置了进阶作业或小测验，大学生只有全部通过进阶测试才能继续学习。如果没有通过进阶小测试就要重新学习前面的内容，直到全部通过为止。"慕课"学习需要大学生全程参与，直接与教师和学习伙伴进行讨论和交流，能充分调动大学生学习的积极性和主动性。

第四节　"慕课"背景下转变大学生学习方式的途径

高校应充分利用"慕课"的优势，发挥各方面的积极作用，多渠道转变大学生单调的被动学习方式，形成自主、探究、合作等多样化的主动学习方式。

一、共享教学资源

大学生学习方式的转变需要各种教学资源的大力支持，只有合理搭建优质教学资源共享平台，多渠道、多模式共享优质教学资源，才能为大学生提供更多学习机会，更好地转变大学生学习方式。第一，全球共享教学资源。目前，越来越多的世界知名高校加入"慕课"平台，这些世界顶尖高校在"慕课"平台上共享自己最优秀的课程，为广大学习者提供涵盖各种文化背景和不同语言的丰富课程资源。全世界的优秀教师和专家也从不同角度提供相应的学习素材和教学指导，使世界上任何人都可以免费学习自己感兴趣的全世界知名高校、知名教师的课程，使优质教学资源全球共享和全民共享。第二，校际间共享教学资源。要真正实现校际资源共享需要充分发挥名校、名课、名师的作用，开放教学资源，变一校大学生受益为多校大学生受益。重点高校在学科建设上具有自己的特色，可以利用重点高校的这一优势，发挥重点高校对普通高校的拉动和辐射作用，在"慕课"平台上共享各自的优质课程，充分利用资源优势，加强校际间的优势互补；高校优秀教师应在"慕课"平台上共享自己的优质教学，加强教师之间的业务交流，互相取长补短，共同提高教育教学水平，促进专业发展。"慕课"平台还能使更多大学生领略优秀教师的风采，更好地掌握学习内容。第三，校内共享教学资源。高校应创造各种条件在校内大力开放教学资源，更新、完善教学设施，开辟渠道公开优质课程，使全校大学生在学习过程中都有机会使用学校最优质的教学资源。

二、引导学生转变学习观念

学生是学习的主体，大学生的学习观念直接影响学习方式转变的效果，因此，高校教师要引导大学生树立自主学习和终身学习的学习观念。首先，教师要指导大学生充分利用网络学习资源。教师可以向大学生重点推荐以"慕课"为主的网络学习，使大学生对学习媒介和学习环境持有认同感。大学生积极主动应用学习策略，充分利用学习资源，才能取得良好的学习效果。其次，教师要指导大学生明确学习动机。教师在教学过程中要激发学生的好奇心，使大学生主动进行探究学习。同时，教师应引导大学生形成较高的学业成就动机，"慕课"学习中大学生有更多提问和交流机会，比传统学习面临更大的挑战，大学生只有具有较高的成就动机，付出更多努力，才能完成学习任务。最后，教师要引导大学生成为学习的主人。教师应为大学生提供有效支持，以提高大学生的自主学习和自我管理能力，使大学生真正成为学习的主人。

三、创新教学方式

在学生学习方式转变的过程中，教师起着举足轻重的作用，学生的学习方式与教师的教学方式和教学观念密切相关。教师可以采取以下策略创新教学方式：首先，教师要转变教学观念。教师应树立科学的、与时俱进的现代教育教学观，充分认识到教学不仅要传授给大学生知识，而且要培养大学生发现问题、分析问题、解决问题的能力，使大学生形成正确的情感、态度和价值观，促进大学生全面发展。其次，教师要提升自己的教学能力。教师要提高教学认知能力、教学操作能力和教学监控能力。提高教学认知能力需要教师具有敏锐的观察力、丰富的想象力、良好的创造力；提高教学操作能力需要教师掌握确定教学目标、编制课程计划、分析教材、选择与运用教学策略、实施教学评价等能力；提高教学监控能力需要教师有意识地对教学活动进行监察、调节、校正、评价和反馈。再次，教师要选择适当的教学方法。教学方法多种多样，常用的教学方法主要包括以语言形式获得间接经验的教学方法、以直观形式获得直接经验的教学方法、以实际训练形式形成技能技巧的教学方法等。教学方法的运用要根据实际情况，选择最适合的教学方法，并加以创造性地发挥，教师可以将大学生"慕课"的在线学习与学校的课堂教学有机结合，做到先学后教。最后，教师要丰富教学手段。教师应在充分利用教科书、粉笔、黑板、挂图等传统教学手段的基础上，灵活运用各种现代化的教学手段，特别是在"慕课"迅速发展的背景下，教师更应将投影仪、幻灯机、计算机等现代教育器材作为直观教具丰富课堂教学，通过现代教学技术的应用使每个学生都能得到足够的指导。

四、重建师生关系

师生关系对大学生学习方式具有重要影响，在传统的师生关系中，大学生处于被动地位，这压抑了大学生学习的积极性、主动性和创造性。"慕课"背景下转变大学生学习方式，需要建立民主平等的新型师生关系。首先，教师要转变角色定位。教师要由管理者转为指导者，特别是在网络教育中，教师不是一个简单的知识传授者，而是一个联结已知世界与未知世界展开多样探究的"触媒者"，或是联结课堂内外世界之桥梁的"介入者"。教师作为一个"触媒者"或"介入者"，就要把学习的自主权交还给学生，培养学生学习的能力，淡化自己作为"判决者"的角色。其次，创设民主的学习氛围。在高校课堂教学和学习中需要形成互通、互促的和谐氛围，教师要热爱、关心、尊重和信任大学生，充分发扬教学民主，以自己的学识、才能、人格魅力去感染、影响大学生。大学生要在学习的过程中理解和尊重教师，主动参与学习。最后，转变交往方式。师生间交往方式应由"单向式"向"交互式"转变，教师和大学生以各自的情感、经验、知识和能力投入到教育和学习活动中，以民主、平等、合作的方式进行交往，师生相互影响和促进。只有在民主平等的师生关系中，大学生的个性才能得到张扬，创造性才能得到发挥，学习方式才能得到优化和创新。

第五节　慕课技术对学习模式的影响

自工业革命以来，技术在各个领域带来的突破性变革数不胜数，这种变革并不总是一帆风顺，相信互联网技术对学习的影响同样如此。在发展初期会有一段探路的过程，然后在某个局部领域，颠覆性地改变人们的学习模式。

一、从 OCW 到 MOOC

说到互联网技术改变学习，不得不提 MOOC 的前辈——几年前红极一时的"网络公开课"。其实在大家熟知的网易公开课、新浪公开课出现之前，2002 年美国麻省理工学院（MIT）率先开设"Open Course Ware（简称 OCW）"。当时，大多数学校认为麻省理工学院在网络上完全公开课程内容和课件的方式太过激进，因此仅有少数学校跟进；而且由于技术局限，很多课程的课件还是以音频和文字为主。

但这一开创性的公益分享行为并没有销声匿迹，特别是在 2007 年苹果的 iTunes U 上线之后，OCW 运动带来了惊人的传播效果。到 2013 年，iTunes U 所有的开放课件资源累积下载量达到 10 亿次。在 OCW 取得一定成功后，就有人在思考如何运用技术，使在线课程真正能够运转起来。

2011 年的 10 月份，有 OCW 制作经验的斯坦福计算机教授 Andrew Ng 在网络上开设了一门叫"机器学习"的 MOOC 课程，超过 10 万人报名。几乎同时，斯坦福大学的另一名教授 Sebastian Thrun 开设了"人工智能"的 MOOC 课程，也得到了很好的响应。这两门课程奠定了 MOOC 模式的基础。此后，两位教授分别创建了两大 MOOC 平台 Coursera 和 Udacity。2012 年 4 月，麻省理工学院和哈佛大学成立了非营利性质的 edX 平台，也加入 MOOC 行列。

到 2013 年底，Coursera 独揽近 600 万注册用户，平台上聚集了来自 107 所大学的 558 门课程，edX、Udacity 也都超过百万用户。世界各地还出现了很多非英语平台，例如法国的 FUN、德国的 iversity、日本的 JMOOC。清华大学在 2013 年 10 月加入 edX 联盟后也发布了中文"学堂在线"MOOC 平台。去年 10 月果壳网 MOOC 学院发布的调研表明，至少有 20 万中文用户在 MOOC 平台上学习。毫无疑问，将会有更多的中国大学推出自己的 MOOC 课程。

二、MOOC 创新应用五大技术

催生 MOOC 的技术并不新鲜，只是 MOOC 在整合这些技术时做到了"因地制宜"，为达到"打破教育资源不平等，制作世界上最好的课程"

这一目的做了很多优化。

第一，MOOC 改进了网络视频技术。早在 2004 年，Youtube 就将广泛的视频应用带到互联网上，早期公开课视频也随着 iTunes U、网易公开课等平台得到了很广泛的传播，但很少有人能真正坚持学习下来。为此，MOOC 在技术上做了很大的调整，不再是简单录制线下的实体课程，而是直接为网络课程准备内容。每节课程都由几分钟的视频片段组成，每个视频之间还穿插了很多小测验，用户可以随堂检验知识掌握情况。最重要的是，当视频出现在 MOOC 上时，不再只是单向地播放，而是被安插了大量的统计代码，以研究每个用户的使用情况。根据 Coursera 在 2013 年 10 月的统计，虽然 Coursera 平台上的视频平均长度在 12 分钟左右，但最适合学习者集中注意力的视频长度为 21 分钟。

第二，MOOC 优化了论坛讨论。课后的网络论坛已经司空见惯，但 MOOC 将网络论坛运用到每节课。比方说，在 edX 平台上，每个视频都有一个对应的讨论区，结合了 Quora 的顶踩机制，通过同学投票，可以方便找出优质问题和优质答案。并且，标签机制使讨论区的内容更结构化、模块化，使很多老师采用第三方论坛作为讨论工具。

例如，在 2013 年初 Coursera 的 Computational Investing Part I 中，老师运用到了一种独特的论坛讨论工具 Piazza，每个问题都采用了 Wiki 机制，可以不断更新版本，记录每个帖子的每一次编辑。据统计，问题的平均回应时间是 34 分钟，而 99%的问题都得到了回复。整个论坛犹如一个巨大的知识库，大大拓展了课程知识的边界，丰富的论坛也成为 MOOC 探索盈利模式的一种方向。

第三，MOOC 结合运用机器判分和同学互评。机器判分在理工科类课程中得到大量运用，机器甚至能够指出编程类作业中编码的不当之处。而在人文社科类的课程中，学生之间需要遵守一定的规则来互相评价。虽然互评者是系统随机匹配的，但每次评价都会从 3 到 5 个人的评分中取一个平均的分数来保证评分公正性，甚至会有其他人对你的评分做出评价。在 Coursera 的 Human Computer Interface 这门课中，利用这种方法得到的评分和老师本人对学生评分的相关系数可以达到 0.8。

第四，机器学习跟踪分析 MOOC 数据。由于 MOOC 课程参与人数极多，机器学习机制能够对大量数据进行分析，从一个人看过多少次视频，到一个题目有多少人答对。对于教师而言，通过这些反馈能分析出课程设置的问题。整个网络课程成为了一个可以反复修正的"电子课本"。而对学生而言，通过这些数据能分析自己的知识薄弱环节，更有针对性地学习。

第五，借力社交网络。社交网络作为课程传播的渠道和师生交流的辅助平台，也在 MOOC 学习中起到了不小的作用。在传统的线下课程中，师生关系很难在学生数量和接触机会上得到很好的平衡，老师也很难真正和学生"打成一片"，但社交网络和社会化学习有助于达到这一目标。生活化的教育方式比课堂更轻松，传播效果更好……除了在文化上和学生贴近之外，在授课过程中，当学生提出一些较尖锐的评价时，教师也能马上予以回复。这样的教学相长，即使在线下也未必常见。

三、MOOC 用户的三大特征

第一，高教育程度用户更偏爱 MOOC。

第二，MOOC 中文用户更不在乎课程免费。

2013 年 10 月，果壳 MOOC 学院对 6116 名 MOOC 中文用户进行了网上问卷调查。有关学习动机的问题，中文用户的答案与《科学美国人》杂志全球 MOOC 用户调研的结果大相径庭。在《科学美国人》的研究中，"免费"是全球 MOOC 用户的首选原因，而中文用户在打发时间上的比重都已超过"免费"，更不用说其他重要因素了。

第三，不同年龄的 MOOC 用户有不同的选课偏好。

例如，年轻人会考虑是否要生孩子：选修加州大学旧金山分校"避孕"这门课的人，年龄峰值在 20 岁左右。中年人更关心如何养孩子：选择学习斯坦福大学"儿童营养与烹饪"课程的学生集中在 40 岁左右。老年人会更多考虑衰老的问题：宾夕法尼亚大学"全球老龄化"课程引起更多老年人的关注。

四、MOOC 未来的技术演进

MOOC 更像一个实验性质的授课平台，由于在课程的每个部分都可以进行模块化处理，因此除了 MOOC 平台本身的技术，大量的其他技术都可以嫁接在 MOOC 平台上。未来，会有更多的技术在 MOOC 之外独立发展，也有可能和 MOOC 交汇，成为它的一部分。比方说，电子监控技术可能颠覆传统意义上的"考试"，个人长期学习数据分析可能颠覆"成绩单"。

一方面来说，或许现在远程监考的难度还是比较大，但未来一定会有更多人来探索网络证书的效力。GRE 已经实现了按前一部分答题情况，生成后面试题的出题规则。如今，Coursera 也开始利用摄像头、键盘敲击规律来判断是否是本人在考试。今后，随着技术的完善，远程作弊的情况将大大减弱。另一方面，MOOC 将解决问题、交流讨论、测试等行为都放到了线上，使得曾经必须通过长期观察或个人推荐才能得到的信息直接呈现在网络上。MOOC 的"成绩单"将不只是一个简单的"通过"或者分数，而是一个丰富的、和每个人的行为直接相关的数据报表。对招聘者而言，这些数据也能更好判断某一应聘者是否适合这一岗位。

五、高新技术创造最好的学习时代

除了 MOOC，许多其他的高新技术也正在改变我们的学习方式。美国纽约温彻斯特小学的 Devon 患有过敏性休克综合征，严重的过敏让他无法去学校上课，只能通过操控一个名为 VGo、身材修长的四轮机器人去体验校园生活。VGo 配备有一个摄像头、显示屏、扬声器和无线网络，屏幕显示 Devon 头像，而 Devon 可以通过网络控制 VGo 完成课堂和课下的活动，与老师和同学实时交流互动。

iPad 刚发布的时候，乔布斯和鲁伯特·默多克共进晚餐。他们俩一致认为，纸质教科书业务将会被数字学习材料淘汰。"是时候让数字技术摧毁这个每年 80 亿美元的产业了。"终于，在 2013 年 8 月，荷兰各地开设了 7 所"乔布斯学校"，借助 iPad 上的应用通过 AirPlay 将平板电脑的界面投射到大屏幕，替代了传统的黑板。

2013 年 4 月，美国的一家创业公司推出一款将编程学习和格斗类游戏结合的 App。在游戏中，玩家不能通过触摸板或者控制器来控制机器人，而必须通过输入命令行才能让机器人往前走、往后走、转身等。

过去，我们认为教育是学校的事情。而如今不论身处何方，我们都可以足不出户，获取全球最好的教育资源。技术变革了学习方式，我们迎来了一个最好的学习时代。

参考文献

[1] 汤敏. 慕课革命：互联网如何变革教育？[M]. 北京：中信出版社，2015.

[2] 老青. 慕课视角下高职英语教育教学研究与设计[M]. 北京：高等教育出版社，2016.

[3] [美] 乔纳森·哈伯. 慕课：人人可以上大学[M]. 刘春园，译北京：中国人民大学出版社，2015.

[4] [美] 乔南·唐纳森，埃利安·阿格拉，等.大规模开放：慕课怎样改变了世界[M]. 陈绍继，译.上海：华东师范大学出版社，2015.

[5] 于歆杰. 以学生为中心的教与学：利用慕课资源实施翻转课堂的实践[M]. 北京：高等教育出版社，2015.

[6] 陈玉琨，田爱丽. 慕课与翻转课堂导论[M]. 上海：华东师范大学出版社，2014.

[7] 李晓明. 慕课[M]. 北京：高等教育出版社，2015.

[8] 吴青青. 现代教育理念下的混合式学习[J]. 贵州社会主义学院学报，2009（2）.

[9] 何锡江. 混合式学习模式应用于培训教育的研究[D]. 广州华南师范大学，2005.

[10] 赵国栋. 大学数字化校园与数字化学习纪实研究[M]. 北京：北京大学出版社，2012.

[11] 赵国栋，李志刚. 混合式学习与交互式视频课件设计教程[M].北京：高等教育出版社，2013.

[12] 应卫勇. 钱自强. 现代远程教育学习概论[M]. 上海：华东理工大学出版社，2008.

[13] 许亚南. 远程开放教育的探索与实践[M]. 宁波：宁波出版社，2009.

［14］钱星常．远程教与学策略和案例［M］．北京：科学出版社，2008．

［15］雷火土．现代远程教育实践与探索［M］．杭州：浙江大学出版社，2007．

［16］梁桂霞，王馨怡，杨昊．浅谈如何面对 MOOC（慕课）对大学英语学习的冲击［J］．大学英语（学术版），2015（1）．

［17］安颖．基于慕课的英语自主学习能力策略研究［J］．鄂州大学学报，2015（3）．

［18］孙泉．利用语料库提升大学英语慕课学习者的语言能力初探［J］．英语广场，2015（8）．

［19］孙志娟，何芳．从学习者角度看慕课——以英国雷丁大学"大学英语写作指南"为例［J］．成都师范学院学报，2015（12）．

［20］徐辉．移动学习方式在高校英语教学中的应用分析［J］．校园英语（中旬）2015（8）．

［21］刘晨君．自主学习理论和高校英语语音教学［J］．亚太教育，2016（1）．

［22］邓雪梅．数字化校园环境与高职学生英语学习方式改变［J］．考试周刊，2015（93）．

［23］吴红云，李守京．英语学习的理念和策略［M］．北京：中国广播电视出版社，2008．

［24］孙红琼．大学生英语自主学习的优化构建［M］．昆明：云南大学出版社，2007．

［25］崔燕宁．大学英语自主学习理论与实践研究［M］．成都：西南财经大学出版社，2013．

［26］郭继荣．大学生英语自主学习评价研究［M］．北京：北京大学出版社，2013．

［27］吴军其，李智．移动微学习的理论与实践［M］．北京：北京大学出版社，2015．

［28］郭万群．大学英语多模态课堂教学研究［M］．上海：上海交通大学出版社，2015．